OS DITOS DO
FREI EGÍDIO
DE ASSIS

Dados Internacionais de Catalogação na Publicação (CIP)
(Câmara Brasileira do Livro, SP, Brasil)

Assis, Egídio de, 1190-1262
  Os ditos do Frei Egídio de Assis / Egídio de Assis ; tradução de Frei Ary E. Pintarelli. – Petrópolis, RJ : Vozes, 2024.

  Título original: Dicta Beati Aegidii Assisiensis
  ISBN 978-85-326-6711-3

  1. Cristianismo 2. Francisco, de Assis, Santo, 1181 ou 2-1226 3. Palavra de Deus (Teologia cristã) 4. Sabedoria – Ensino bíblico I. Título.

24-197007 CDD-231.6

Índices para catálogo sistemático:

1. Sabedoria de Deus : Doutrina cristã 231.6
Eliane de Freitas Leite - Bibliotecária - CRB 8/8415

OS DITOS DO FREI EGÍDIO DE ASSIS

Tradução de Frei Ary E. Pintarelli

EDITORA VOZES

Petrópolis

Tradução do original em latim intitulado *Dicta Beati Aegidii Assisiensis*

O texto desta tradução foi extraído de *Fontes franciscanas e clarianas*. Petrópolis/Brasília: VOZES/CFFB, 2004, p. 1183 – 1219.

© desta tradução:
1997, 2024, Editora Vozes Ltda.
Rua Frei Luís, 100
25689-900 Petrópolis, RJ
www.vozes.com.br
Brasil

Todos os direitos reservados. Nenhuma parte desta obra poderá ser reproduzida ou transmitida por qualquer forma e/ou quaisquer meios (eletrônico ou mecânico, incluindo fotocópia e gravação) ou arquivada em qualquer sistema ou banco de dados sem permissão escrita da editora.

CONSELHO EDITORIAL

Diretor
Volney J. Berkenbrock

Editores
Aline dos Santos Carneiro
Edrian Josué Pasini
Marilac Loraine Oleniki
Welder Lancieri Marchini

Conselheiros
Elói Dionísio Piva
Francisco Morás
Gilberto Gonçalves Garcia
Ludovico Garmus
Teobaldo Heidemann

Secretário executivo
Leonardo A.R.T. dos Santos

PRODUÇÃO EDITORIAL

Aline L.R. de Barros
Marcelo Telles
Mirela de Oliveira
Otaviano M. Cunha
Rafael de Oliveira
Samuel Rezende
Vanessa Luz
Verônica M. Guedes

Conselho de projetos editoriais
Isabelle Theodora R.S. Martins
Luísa Ramos M. Lorenzi
Natália França
Priscilla A.F. Alves

Diagramação: Editora Vozes
Revisão gráfica: Anna Carolina Guimarães
Capa: Estúdio 483

ISBN 978-85-326-6711-3

Este livro foi composto e impresso pela Editora Vozes Ltda.

Sumário

Prólogo, 7

1 – As graças, as virtudes e seus efeitos e os vícios, 9

2 – A fé e a incompreensibilidade de Deus, 11

3 – O amor, 13

4 – A santa humildade, 15

5 – O santo temor de Deus, 19

6 – A paciência, 21

7 – A santa solicitude e a vigilância do coração, 27

8 – O desprezo do mundo, 31

9 – A santa castidade, 33

10 – A luta contra a tentação, 37

11 – A penitência, 41

12 – A oração e seus efeitos, 43

13 – A contemplação, 49

14 – A vida ativa, 51

15 – A constante cautela espiritual, 53

16 – A ciência útil e inútil e os pregadores
da Palavra de Deus, 55

17 – As boas e as más palavras, 57

18 – A perseverança no bem, 59

19 – A segurança do estado religioso, 61

20 – A obediência e a sua utilidade, 63

21 – A lembrança da morte, 65

22 – A fuga do mundo, 67

23 – A perseverança na oração, 69

24 – As graças e as virtudes que se alcançam com
a oração, 71

25 – A negligência dos superiores na canonização
de alguns frades, 73

26 – Como o Beato Egídio resolveu algumas
questões importantes, 75

27 – O temor de Deus, 77

28 – "As pessoas que não querem...", 81

29 – "Aço, aço, muito falo, pouco faço", 87

30 – "Quem mais ama, mais deseja", 89

31 – "Deves ser pessoa de virtudes", 93

32 – O que pensava de São Francisco e da
simplicidade de vida, 101

33 – Outros ensinamentos de Frei Egídio, 103

Prólogo

"A Palavra de Deus é viva, eficaz e mais cortante do que uma espada de dois gumes"; *viva*, porque ressuscita os mortos; *eficaz*, porque cura os doentes; *mais cortante do que uma espada de dois gumes*, porque traspassa os corações fechados e duros, *penetrando até a divisão da alma e do espírito* (Hb 4,12), separando os vícios das virtudes.

Por isso, para edificação das futuras gerações, é trabalho digno e útil reunir em um escrito as palavras dos servos de Deus, pois são palavras que não brotaram da sabedoria humana, mas, com um coração cheio de alegria, alimentaram-se na fonte do Salvador Jesus Cristo.

E, assim, para a glória e a honra do Deus onipotente e para a edificação dos irmãos que os lerem ou ouvirem, recolhemos neste escrito de utilidade espiritual os melífluos ditos que o Beato Egídio arrancava do tesouro de seu coração.

1
As graças, as virtudes e seus efeitos e os vícios

As graças de Deus e as virtudes são a escada e o caminho para subir ao céu. Os vícios e os pecados, porém, são a escada e o caminho para descer ao inferno.

Os vícios e os pecados são veneno; as virtudes e as boas obras são remédio. Uma graça atrai outra graça, e um vício puxa outro vício.

A virtude não quer ser elogiada, como o vício não quer ser desprezado. Isso quer dizer que o homem virtuoso não procura ser elogiado nem deseja o louvor das pessoas; e o mau não quer ser desprezado nem repreendido. E isso provém da soberba.

O espírito repousa na humildade. A paciência é sua filha.

A pureza de coração vê a Deus, e a contemplação nutre-se dele.

Se amares, serás amado. Se temeres, serás temido. Se servires, serás servido.

Se te comportares bem com os outros, os outros se comportarão bem contigo.

Bem-aventurado aquele que ama sem desejar ser amado. Bem-aventurado aquele que teme sem querer ser temido. Bem-aventurado aquele que serve sem querer ser servido. Bem-aventurado aquele que se comporta bem com os outros sem desejar que os outros se comportem bem com ele. Estas coisas são grandes; os tolos não conseguem entendê-las.

Existem três coisas muito grandes e úteis que, possuindo-as, não nos deixarão cair no mal. A primeira é suportar em paz e por amor a Deus todo o sofrimento que aparecer. A segunda, ter grande humildade por tudo que se fizer e receber. A terceira, amar com fidelidade os bens que o olho humano não pode ver.

As coisas mais ridicularizadas e negligenciadas pelas pessoas do mundo são as mais consideradas e veneradas por Deus e por seus santos. E as coisas mais amadas, abraçadas e reverenciadas pelas pessoas do mundo são as mais odiadas, negligenciadas, desprezadas por Deus e por seus santos. Acontece que as pessoas odeiam tudo o que deve ser amado e amam tudo o que deve ser odiado.

Uma vez, Frei Egídio perguntou a um frade: "Tens tu uma alma boa?" Respondeu o frade: "Meu irmão, não sei". Então Frei Egídio disse: "A santa contrição, a santa humildade, a santa caridade, a santa devoção e a santa alegria tornam a alma santa e boa".

2
A fé e a incompreensibilidade de Deus

Tudo o que se pode pensar, ver, falar e tocar com as mãos nada é diante do que não se pode pensar, ver, falar e tocar com as mãos.

Todos os sábios e santos do passado, do presente e do futuro que falaram ou falarão de Deus não disseram, nem jamais dirão, que Deus realmente é nem tanto quanto a ponta de uma agulha é em relação à terra e ao céu e a todas as criaturas que neles existem, e mil vezes menos. De fato, toda a Sagrada Escritura nos fala como que balbuciando. Como a mãe faz com seu filhinho, que de outra forma não entenderia as palavras.

Uma vez, Frei Egídio disse a um juiz secular: "Crês que sejam grandes os dons de Deus?" "Creio que sim", respondeu o juiz. E Frei Egídio: "Pois vou mostrar-te que não crês". E acrescentou: "Quanto valem todos os teus bens?" Ele respondeu: "Talvez mil moedas de ouro". Frei Egídio disse: "Trocá-las-ias por cem mil?" E o outro: "Com muito prazer". Então disse Frei

Egídio: "A verdade é que as coisas deste mundo nada são diante das coisas do céu. Por que, então, não trocas as coisas do mundo pelas do céu?" O juiz replicou: "Pensas que um homem realmente ponha em prática aquilo que crê?" E Frei Egídio concluiu: "Os santos e as santas procuraram praticar as coisas em que acreditavam e que podiam realizar. As que não puderam praticar de fato, praticaram-nas pelo desejo. E, assim, o santo desejo cumpriu o que faltou à ação. Se alguém tiver uma fé íntegra, chegaria a ponto de ter certeza absoluta. Portanto, se realmente crês, deves agir bem".

Que dano pode causar um breve mal ao homem que tem certeza de receber um grande e eterno bem? E de que serve um breve bem a quem espera um grande e interminável mal? Que bem poderão dar os anjos e os santos do céu a quem perde o maior de todos os bens? Como e quem poderá consolá-lo? Ninguém, senão a presença divina.

Todavia, enquanto viver, o pecador jamais deve perder a esperança na misericórdia de Deus. Pois simplesmente não existe tronco tão áspero e nodoso que os homens não consigam aplainar, polir e embelezar. Muito menos existe no mundo um pecador tão grande que Deus não possa enriquecer com as mais variadas graças e virtudes.

3
O amor

O amor é a maior de todas as virtudes.

Bem-aventurado quem jamais se sacia das coisas que deve desejar sempre. Frei Egídio dizia a certo irmão, seu amigo espiritual: "Crês que eu te amo?"

Ao que ele respondeu: "Certamente". Frei Egídio replicou: "Não penses assim, porque somente o Criador ama verdadeiramente a criatura; o amor da criatura não é nada diante do amor do Criador".

Outro irmão lhe disse: "Frei Egídio, que significa a palavra do profeta: *Todo próximo anda enganando*?" (Jr 9,4). Respondeu-lhe Frei Egídio: "Engano-te, quando não faço meu o teu bem; quanto mais fizesse meu o teu bem, tanto menos te enganaria. Quanto mais alguém se alegra com o bem do próximo, tanto mais participará dele. Portanto, se quiseres participar do bem de todos, alegra-te com o bem de todos. Por isso, se o bem dos outros te agradar, faze-o teu; e se o mal dos outros também a ti não agradar, cuida-te dele. Este é o caminho de salvação: alegrar-se com o bem do próximo e condoer-se do seu mal, pensar bem dos outros e mal de si, honrar os outros e desprezar a si mesmo".

Quem não quer honrar os outros não será honrado; quem não quer compreender não será compreendido; quem não quer se afadigar, não terá repouso.

O esforço mais frutuoso é aplicar-se à bondade e à benevolência.

Tudo o que fizeres sem amor e caridade não agrada a Deus nem aos seus santos.

Por suas obras, o homem se torna pobre e se enriquece com as de Deus. Por isso, deve amar as divinas e desprezar as próprias.

Existe algo maior do que enaltecer os benefícios de Deus e arrepender-se das próprias culpas? Gostaria de ter feito este esforço desde o princípio do mundo e continuar a fazê-lo até o seu fim, se tanto tivesse vivido e pudesse viver. Gostaria de contemplar e exaltar os benefícios de Deus e lembrar e desaprovar minhas culpas. E se tivesse que faltar na desaprovação de minhas culpas, não quereria faltar na consideração dos benefícios de Deus.

Veja como os palhaços e saltimbancos louvam de maneira admirável aqueles que lhes dão alguma coisinha. O que não deveremos fazer nós para o Senhor, nosso Deus?

Deverias ser muito fiel em amar Aquele que quer libertar-te de todo o mal e encher-te de todo o bem.

4
A santa humildade

Ninguém pode chegar ao conhecimento de Deus, senão através da humildade. O caminho que leva para o alto vai para baixo.

Todos os perigos e as grandes quedas deste mundo aconteceram, porque alguém levantou orgulhosamente a cabeça, como se vê naquele que foi criado no céu, em Adão, no fariseu do Evangelho e em tantos outros. E todos os grandes bens aconteceram, porque alguém curvou a cabeça, como se evidencia na bem-aventurada Virgem, no publicano, no bom ladrão e em muitos outros.

Disse ainda Frei Egídio: "Oxalá pudéssemos carregar um pesado fardo, para manter sempre curvada a nossa cabeça".

Perguntou-lhe certo frade: "De que modo podemos fugir da soberba?" E ele: "Lava as mãos e põe a boca onde tens os pés. Se pensares nos dons de Deus, deves inclinar a cabeça; se considerares as tuas culpas, também deves incliná-la. Mas ai de quem quer ser honrado por causa de sua maldade".

O homem dá um grande passo em direção à humildade quando reconhece que é sempre contrário ao próprio bem. Outro fruto da humildade penso que seja restituir os bens dos outros e não se apropriar deles, isto é, atribuir a Deus todas as coisas boas e as más a si mesmo.

Bem-aventurado quem se considera tão desprezível diante dos homens quanto se reconhece desprezível diante de Deus.

Bem-aventurado aquele que neste mundo se julga a si mesmo, pois não precisará comparecer ao outro julgamento.

Bem-aventurado aquele que fielmente caminha na luz e na obediência a um outro.

Assim fizeram também os apóstolos, depois que ficaram cheios do Espírito Santo.

Quem quiser ter paz e serenidade considere todas as pessoas como superiores a si mesmo.

Bem-aventurado aquele que por suas palavras e por seus atos não quer aparecer diferente daquilo que a graça de Deus o fez.

Bem-aventurado quem sabe proteger e esconder as coisas que Deus lhe revelou. Não há segredo que Deus não possa revelar, quando lhe aprouver.

Se alguém fosse a pessoa mais santa do mundo e se julgasse a mais desprezível, nisto consistiria a humildade.

A humildade não sabe falar, e a paciência nem ousa falar.

Penso que a humildade seja comparável ao raio. O raio dá terríveis choques e depois desaparece completamente. Assim, a humildade desfaz todo o mal, é inimiga de toda a culpa e faz com que o homem se considere um nada.

Através da humildade a pessoa encontra graça aos olhos de Deus e paz com os homens. Se um grande rei quisesse enviar sua filha a algum lugar, certamente não a faria montar um cavalo xucro, soberbo e coiceiro, mas uma cavalgadura mansa e de passo tranquilo. Da mesma forma, o Senhor não dá sua graça aos soberbos, mas aos humildes.

5

O santo temor de Deus

O santo temor de Deus afasta qualquer mau temor e protege os bens que a palavra não consegue expressar e a mente não sabe pensar. Grande graça é possuí-lo; mas isso não é concedido a todos.

Quem não teme mostra que nada tem a perder.

O temor de Deus dirige e guia o homem e o faz chegar à graça do Senhor: se alguém possui a graça, o temor de Deus a conserva; se alguém não a tem, ele indica o caminho para consegui-la. Todas as criaturas racionais que caíram jamais teriam caído se tivessem tido este dom. Mas só os santos e as santas o possuem. E quanto mais graça alguém possuir, tanto mais humilde e cheio de temor será. Não é por ser menos praticada pelos homens que uma virtude se torna menor do que as outras.

Uma pessoa que ofende a seu Deus a ponto de merecer a morte, com que segurança poderá apresentar-se diante dele?

Bem-aventurado quem reconhece que neste mundo está realmente em um cárcere e que em toda a sua existência ofendeu a Deus.

O homem deve ter grande medo da própria soberba, pois ela pode causar-lhe a condenação.

Deves sempre temer e prevenir-te contra ti mesmo e contra teu semelhante. O homem não terá segurança total, enquanto permanecer entre seus inimigos.

Nosso inimigo é a nossa carne que, como os demônios, é sempre inimiga e adversária da alma. Por isso, o homem deve temer mais a si mesmo do que qualquer outra coisa do mundo, para que não o vença a sua própria maldade. Pois não é possível que o homem chegue à graça de Deus e nela persevere sem o santo temor e o santo tremor. Se alguém não o possui, tem um sinal que pode perder-se.

O temor ensina a obedecer com humildade e a curvar a cabeça até o chão, sob o jugo da santa obediência.

E até, quanto maior for o temor de alguém, tanto mais ele reza. E não é dado pouco a quem for dada a graça da oração.

As obras do homem, por maiores que possam parecer, não são avaliadas com medidas humanas, mas segundo a medida do beneplácito de Deus. Por isso, devemos permanecer sempre no temor.

6
A paciência

Quem suportar as tribulações com paciência por amor a Deus rapidamente atingirá um alto grau de perfeição, dominará este mundo e já terá um pé no outro. Tudo o que o homem fizer, de bem ou de mal, é a si mesmo que o faz. Por isso, não deves perder a paz se alguém te ofende, mas compadecer-te do pecado que ele comete.

Por amor a Deus, ao próximo e a ti mesmo, suporta com paciência as ofensas que alguém te fizer.

Diante de Deus o homem é tão grande quanto estiver preparado para suportar as tribulações e as ofensas por amor a Deus, e nada mais. E será tão pequeno, e nunca chegará ao conhecimento de Deus, quanto for fraco em suportar as tribulações e os sofrimentos por amor a Deus.

Se alguém falar mal de ti, ajuda-o. Se alguém falar bem, atribui o bem a Deus. Deves ajudá-lo, falando de ti pior do que ele falou.

Se queres fazer uma coisa boa, atribui o mal a ti e o bem ao outro. Quer dizer: louva as palavras e os atos do outro e censura os teus. Se quiseres fazer algo mau, faze o contrário. Quando, pois, alguém brigar contigo, se quiseres vencer,

21

perde. Afinal, quando pensas ter vencido, verás que perdeste. Portanto, o caminho para vencer é o de perder.

Não somos fortes em suportar tribulações, porque não somos bons seguidores das consolações espirituais. Afinal, se alguém se esforçar por trabalhar em si, sobre si e para si mesmo, facilmente suportaria qualquer adversidade.

Não ofendas ninguém e, se alguém te ofender, suporta a ofensa com paciência por amor a Deus e pelo perdão dos teus pecados. É muito melhor suportar sem murmurar uma grave ofensa por amor a Deus do que matar a fome de cem pobres por vários dias e, pelo mesmo tempo, jejuar cada dia de manhã até a noite. Que proveito tira o homem do desprezo de si mesmo, dos jejuns e orações, das vigílias e penitências com que castiga seu corpo, se não souber tolerar uma ofensa do próximo? Desta receberia um prêmio maior do que pelas penitências que voluntariamente tiver infligido a si mesmo. É sinal de que a ofensa feriu um orgulho escondido.

Suportar as adversidades sem murmurar purifica dos pecados mais do que um grande pranto.

Bem-aventurado quem tem sempre diante dos olhos o seu pecado e os benefícios divinos e com paciência suporta toda tribulação e angústia. Pode esperar grande consolação.

Bem-aventurado quem no mundo não procura nem deseja consolação de outra criatura.

Não pode esperar recompensa de Deus a pessoa que somente é humilde e tranquila quando está satisfeita e tudo lhe corre bem.

Quem tiver sempre diante dos olhos os próprios pecados não recuará diante de qualquer sofrimento.

Todo o bem que tens deves atribuí-lo a Deus, e todo o mal aos teus pecados. Pois se uma pessoa tivesse feito e fizesse todas as obras boas que fizeram, fazem e farão os homens do mundo, apesar disso, examinando-se bem, veria que é sempre inimiga do próprio bem.

Disse-lhe um certo frade: "Que faremos, se nos sobrevierem grandes tribulações?" Respondeu Frei Egídio: "Se o Senhor fizesse chover pedras e rochedos do céu, estes não nos fariam mal se fôssemos como deveríamos ser. Se o homem fosse como deveria ser, para ele o mal se converteria em bem. Pois, assim como a quem tem má vontade até o bem se transforma em mal, da mesma forma, a quem tem boa vontade o mal se transforma em bem. Afinal, todos os grandes bens e todos os grandes males estão dentro do homem e não podem ser vistos".

Onde houver grande enfermidade, grande esforço, grande fome ou grandes ofensas feitas a alguém, para lá se dirigem os piores demônios.

Se quiseres te salvar, não queiras que alguma criatura te faça justiça. Os homens santos praticam o bem e suportam o mal.

Se reconheces que ofendeste o Senhor teu Deus, criador e senhor de todas as coisas, reconhece que é justo que todos os seres se voltem contra ti e vinguem a ofensa feita ao teu Senhor.

Deves suportar com paciência as ofensas e aborrecimentos que te causam todas as criaturas, pois não pretenderás que alguém te faça justiça se mereces ser castigado por todos.

Grande virtude é o homem vencer-se a si mesmo. Se souberes vencer-te a ti mesmo, vencerás todos os teus adversários e alcançarás todo o bem.

Grande virtude seria alguém se deixar dominar pelos homens. Esse homem dominaria o mundo.

Se queres ser salvo, procura não esperar nenhuma consolação que venha de uma criatura mortal. Afinal, as maiores e mais frequentes quedas são causadas mais pelas consolações do que pelas tribulações.

A natureza do cavalo é muito nobre: mesmo em desabalada corrida, quem o monta pode desviá-lo de uma estrada e encaminhá-lo para outra. Assim deveria agir o homem no auge de sua ira: deixar-se guiar por quem o corrige.

Só em lembrar-se de Deus o homem deveria querer pagar aos outros quanto pudesse por lhe terem dado bofetadas e socos e tê-lo arrastado pelos cabelos.

Certa vez, um religioso lamentava-se com ele por ter recebido uma obediência pesada. O santo Frei Egídio disse-lhe: "Meu amigo, quanto mais murmuras, mais te aborreces, e com quanto maior reverência e humildade inclinares a cabeça ao jugo da santa obediência, tanto mais leve e suave ela te será. Não queres ser maltratado neste mundo e queres ser honrado no outro? Não queres ser amaldiçoado e queres ser abençoado? Não queres trabalhar e queres descansar? Enganas-te, porque é pela desonra que chegamos à honra, pela maldição, à bênção, pelo trabalho, ao descanso. É verdadeiro o provérbio: 'Quem não dá o que lhe custa, não terá o que quer'. Não te admires se alguma vez o próximo te ofende, porque também Marta, que era santa, tentou jogar o Senhor contra sua irmã. No entanto, sem razão Marta murmurava contra Maria, porque, se esta tinha perdido o uso de alguns sentidos – a fala, a vista, a audição, o paladar e o andar –, trabalhava mais do que Marta. Procura encher-te de graça e de virtude, combate contra os vícios e suporta com paciência as tribulações e a vergonha. Nada é mais importante do que vencer-se a si mesmo, porque de nada vale o homem atrair almas para Deus, se não vencer a si mesmo".

7
A santa solicitude e a vigilância do coração

O homem ocioso perde este mundo e o outro, não dando fruto para si nem para os outros.

É impossível adquirir virtudes sem esforço e trabalho.

Se podes estar em segurança, não te ponhas na incerteza. Seguro está quem trabalha por Deus e pelo Reino eterno.

O jovem que recusa o trabalho recusa o Reino dos céus.

Se o esforço não ajuda e a negligência não prejudica, o bem também não auxilia nem o mal causa dano algum.

Assim como a preguiça conduz ao inferno, a tranquilidade e paz de espírito levam ao céu.

O homem deveria estar muito atento em proteger e colaborar fielmente com a graça que Deus lhe deu. Muitas vezes, porém, ele troca o fruto pelas folhas e o grão pela palha.

A alguns Deus dá os frutos e não dá as folhas; a outros dá os frutos e as folhas; e alguns não têm nada.

Penso que é mais importante conservar os dons do Senhor do que adquiri-los. Quem sabe adquirir e não sabe repor jamais enriquecerá. Mas saber repor e não saber adquirir não é grande coisa.

Muitos ganham grandes bens, mas nunca enriquecem, porque não conservam o que ganham; outros ganham pouco e enriquecem, porque conservam com cuidado o que ganham.

Que volume de água teria o Tibre se não continuasse a correr sempre!

O homem pede a Deus dons sem medida e sem limite e quer servi-lo com medida e com limite. Mas quem quer ser amado e retribuído sem limite deve servir e amar sem limite e sem medida.

O homem perde a perfeição por causa de sua negligência.

Uma vez, disse o santo Frei Egídio a alguém que queria ir a Roma: "Quando estiveres a caminho, não te deixes encantar pelas coisas que vires, para que elas não te atrapalhem; procura distinguir a moeda verdadeira da moeda falsa. Afinal, são muitas as espertezas do inimigo, e suas armadilhas são variadas e escondidas".

Bem-aventurado quem tira proveito do seu corpo por amor ao Altíssimo, e do bem que faz pede um prêmio não menor que o paraíso.

Se alguém fosse paupérrimo e outro lhe dissesse: "Irmão, empresto-te esta minha propriedade para que por três dias tires proveito dela, e assim consigas um tesouro infinito". Certificando-se de que tudo isso era verdade, o pobre não se esforçaria por desfrutar a propriedade? A propriedade que Deus nos confiou é nosso corpo, e de três dias é, ou menos, o tempo de nossa existência. Portanto, se quiseres tirar proveito, trata de negociar, pois se não trabalhas, como queres descansar?

Se todos os campos e vinhedos do mundo pertencessem a um só dono, e ele não os cultivasse nem os deixasse cultivar, que fruto se colheria? Mas se outro possuísse poucos campos e vinhas e os cultivasse bem, deles tiraria fruto para si e para muitos outros.

Quando alguém quer fazer o mal, dificilmente pede conselho a outro; mas quando quer fazer o bem, busca o conselho de muitos.

Um provérbio muito comum diz: "Não ponhas tua panela ao fogo, de olho na cerca do vizinho".

Não é feliz o homem que, tendo boa vontade, deixa de colocá-la em ação por meio de boas obras. Porque Deus dá sua graça exatamente para que seja seguida. Uma vez, um homem que parecia um vagabundo disse ao santo Frei Egídio: "Frei Egídio, dê-me algum consolo". Respondeu Frei Egídio: "Procura ser bom e terás consolo".

Se o homem não preparar em si um lugar para Deus, não encontrará seu lugar entre as criaturas de Deus.

Quem, neste mundo, não gostaria de fazer o melhor não só para a sua alma, mas também para o seu corpo? No entanto, não queremos fazer o bem nem à alma nem ao corpo.

Na verdade, eu poderia jurar que, se alguém procura tornar mais leve o jugo do Senhor, senti-lo-á mais pesado; e quem o tornar mais pesado, senti-lo-á mais leve.

Oxalá todos os homens do mundo procurassem fazer o que é melhor também para o seu corpo!

Aquele que fez o outro mundo fez este mundo também, e os bens que colocou no outro mundo, pode colocá-los também neste. Assim, o corpo sente o bem da alma, porque o bem e o mal da alma repercutem no corpo.

Então, certo irmão lhe disse: "Talvez morramos antes de conhecer o nosso bem ou sem experimentá-lo". Frei Egídio respondeu: "Os coureiros aprenderam a conhecer as peles; os sapateiros, os calçados; os ferreiros, o ferro; e assim todos os outros profissionais. Como pode o homem conhecer a arte à qual nunca se dedicou? Pensas que os grandes senhores entregam grandes bens a homens ignorantes e loucos? Não entregam!"

Assim como as boas obras são o caminho para todo o bem, as obras más são o caminho para todo o mal.

Bem-aventurado quem não se deixa abater por nada que venha deste mundo; mas se deixa edificar por tudo o que vê, ouve e sabe, e de tudo procura tirar algum proveito para si.

8
O desprezo do mundo

Ai do homem que põe o coração, o desejo e as forças nos bens terrenos. Por causa deles abandona e perde os bens espirituais e eternos!

Se a águia, que voa muito alto, tivesse uma trave da igreja de São Pedro amarrada a uma das asas, não voaria tão alto.

Vejo muitos que trabalham para o corpo e pouco para a alma. Muitos trabalham para o corpo quebrando pedras, escavando montes ou outros trabalhos pesados. E pela alma, quem se afadiga com tanto esforço e ardor?

O avarento é como a toupeira: pensa que não existe outro tesouro ou outro bem além de cavar a terra e lá morar. No entanto, existem outros tesouros que ela nem imagina.

Os pássaros do céu, os animais da terra e os peixes do mar estão satisfeitos, quando têm o alimento necessário. Porque o homem não se satisfaz com o que existe na terra, mas deseja sempre mais, vê-se que ele não foi feito para este mundo, mas para o outro. O corpo foi feito para a alma, e este mundo, para o outro.

Este mundo é um campo no qual quem tem a parte maior tem a pior.

Dizia, também, que São Francisco não gostava muito das formigas, por causa de sua exagerada preocupação de acumular provisões. Preferia os pássaros do céu, porque *não recolhem nos celeiros* (Mt 6,26).

9
A santa castidade

Nossa carne é semelhante ao porco: corre avidamente para a lama e gosta de rolar nela.

Nossa carne é como o escaravelho: gosta de ficar mexendo no esterco do cavalo.

Nossa carne é a arma do demônio.

Nossa carne é o mato onde o demônio busca a lenha.

O demônio não desiste de conquistar o homem, enquanto vir que ele está na carne.

A pessoa que tomou emprestado um animal usa-o quanto pode. O mesmo se deve fazer com a carne.

É impossível o homem chegar à graça se não renunciar à carnalidade.

O homem que tem um animal de carga, embora este trabalhe muito carregando pesos e ele o alimente bem, prudentemente o dono não se põe a caminho sem levar o chicote. O mesmo deve fazer o penitente com seu corpo.

Certo frade lhe disse: "De que maneira poderemos precaver-nos contra os vícios da carne?" Respondeu-lhe o santo Frei Egídio: "Quem quer

33

deslocar grandes pedras e pesadas toras procura fazê-lo mais com a inteligência do que com a força. No teu caso, deve-se proceder da mesma forma".

Todos os vícios prejudicam a castidade, pois ela é como um espelho claro que se embaça com um simples hálito.

É impossível o homem chegar à graça de Deus, enquanto gostar de deliciar-se com as coisas carnais. Por isso, viras e reviras, para cima e para baixo, para cá ou para lá, e não tens outra solução a não ser lutar contra a carne que, dia e noite, quer te trair. Quem a vence, vence todos os inimigos e chega a qualquer bem.

Dizia também: "Entre todas as virtudes, eu escolheria a santa castidade". Disse-lhe certo frade: "Mas a virtude da caridade não é maior do que a castidade?" Ao que o santo Frei Egídio respondeu: "E o que é mais casto que a caridade?" Com frequência, costumava dizer cantando: "Ó santa castidade, o que és, o que és! És tal e tanta, qual e quanta que os ignorantes não te conhecem".

Um frade lhe disse: "O que você entende por castidade?" Respondeu Frei Egídio: "Castidade, para mim, é reservar todos os sentidos para a graça de Deus".

Uma vez, Frei Egídio recomendava muito a castidade na presença de um homem casado. Este lhe disse: "Abstenho-me de todas as mulheres, com exceção da minha esposa. Está bem assim?" Frei Egídio respondeu: "Não achas que alguém pode embebedar-se com o vinho dos próprios barris?" E o outro: "Pode". E o santo Frei Egídio: "Pois este é o teu caso".

Outro lhe disse: "Frei Egídio, parece que o Apóstolo se refere só às viúvas, quando diz: *Aquela, porém, que viver em prazeres, embora viva, está morta*" (1Tm 5,6). E Frei Egídio respondeu: "Embora se refira às viúvas, é uma palavra que atinge o que atinge".

Disse o Beato Egídio aos presentes: "É difícil trabalhar a terra que ficou muito tempo sem ser cultivada, onde cresceram muitos espinhos e abrolhos, e já se tornou um matagal. É o que acontece com o pobre pecador que ficou muito tempo no pecado e no vício: é preciso trabalhar muito com exortações e chamadas antes de poder levá-lo para o bom caminho e para as obras virtuosas".

E acrescentou: "Ó homem, presta atenção ao que amas e para que amas: o céu ou a terra, o Criador ou a criatura, a luz ou as trevas, o carnal ou o espiritual, o bem ou o mal. Depois, saberás melhor como separar o bem do mal e ver o que deve ser amado e o que deve ser odiado".

10
A luta contra a tentação

Não se pode possuir uma grande graça com tranquilidade, porque sempre surgem muitas lutas contrárias. Por isso, quanto mais graça o homem possuir, tanto mais violentos serão os ataques do demônio. Mas nem por isso ele deve deixar de seguir sua graça, porque quanto mais árduo for o combate, tanto maior será a coroa, se vencer.

Mas nós não temos muitas dificuldades, porque não somos como deveríamos ser. Na verdade, se alguém segue corretamente pelos caminhos de Deus, não padecerá cansaço ou tédio; pelas estradas do mundo, porém, o homem encontra cansaço e tédio mortais.

E um frade lhe replicou: "Parece que estás afirmando duas coisas opostas". E o santo Frei Egídio: "Não é verdade que os demônios assaltam mais o homem de boa vontade do que os outros? Eis a dificuldade. Mas, se alguém vender sua mercadoria um preço mil vezes maior do que vale, que contrariedade terá? E assim está resolvida a contradição! Por isso, digo que, quanto mais alguém estiver cheio de virtudes, tanto mais é tentado pelos vícios e tanto mais deveria odiá-los. Por todo o vício vencido receberás uma virtude, e por todo o vício que mais fortemente fores tentado terás maior prêmio, se venceres".

Seja qual for a causa pela qual o homem deixa de andar pelos caminhos do Senhor, pela mesma causa perderá a recompensa.

Disse-lhe alguém: "Com frequência tenho tentações horríveis. Muitas vezes, pedi a Deus que me libertasse delas, e não me libertou". Respondeu-lhe o santo Frei Egídio: "Quanto mais um rei arma os seus soldados, tanto mais quer que eles combatam valorosamente".

E, então, um frade lhe perguntou: "Que poderei fazer para entregar-me à oração com fervor, quando me sentir frio e sem devoção?" Respondeu, dizendo: "Vê. Um rei tem dois servos: um bem armado e o outro desarmado, mas ambos devem combater. O que está armado marcha corajosamente para a batalha, e o outro diz a seu senhor: 'Senhor, como vês, estou sem armas; mas por teu amor irei para a luta, mesmo desarmado'. Então, vendo a fidelidade daquele servo, o rei diz a seus ministros: 'Vão, preparem-lhe uma armadura, com a qual será revestido o meu servo fiel, e coloquem nela o meu brasão'. Da mesma forma, se alguém vai para a batalha da oração quase sem armas, sentindo-se frio e sem devoção, Deus, vendo sua fidelidade, o reveste com suas insígnias".

Com as tentações, às vezes, acontece o que se passa com o camponês que olha para o mato e os espinheiros do terreno onde gostaria de fazer uma roça e semear: deve trabalhar muito, suar e padecer antes de colher o grão e, às vezes, em vista do trabalho e dos sofrimentos, quase se arrepende de ter iniciado o trabalho. Primeiro, vê o tamanho do mato a derrubar e não vê o grão; segundo, corta as árvores com grande esforço, arranca as raízes e não vê o grão; terceiro, lavra e prepara a terra e ainda não vê o grão de trigo, pelo qual tanto já trabalhou; quarto, ara novamente a terra; quinto, semeia; sexto, arranca as ervas daninhas; sétimo, colhe; oitavo, com mais trabalho ainda debulha o grão; nono, quase esquecido do enorme trabalho por causa do fruto abundante, com muita alegria recolhe-o nos celeiros. E, além destes, deve realizar muitos outros trabalhos cansativos, mas a todos bendiz pela alegria do fruto abundante que recebeu.

De novo, alguém lhe disse: "Que devo fazer: se pratico algum bem, vanglorio-me; se faço algo de mau, sobrevêm-me a tristeza e quase o desespero".

Respondeu o santo Frei Egídio: "Fazes bem ao lamentar o teu pecado. Aconselho-te, porém, a fazê-lo com moderação, pois o poder que Deus tem de perdoar é maior do que o teu de pecar. Se Deus usa de misericórdia para com os grandes pecadores, achas que Ele vai abandonar os pequenos? Além do mais, por causa da tentação de vanglória não deves desistir de fazer o bem. Se um camponês, antes de semear, dissesse para si mesmo: 'Neste ano, não quero semear, porque talvez os pássaros venham comer a semente!' e por isso não semeasse, do seu campo não colheria o fruto necessário para comer. Mas, se ele semear, mesmo que parte da semente se perca, a maior parte da colheita ficará para ele. O mesmo acontece com quem é tentado de vanglória e luta contra ela".

Um frade disse a Frei Egídio: "Diz-se de São Bernardo que, uma vez, recitando os sete salmos penitenciais, não pensou em outra coisa, senão naquilo que estava dizendo". Respondeu o santo Frei Egídio: "Penso que mais importante seria se um castelo fosse furiosamente assaltado, e seu defensor tivesse que protegê-lo corajosa e valentemente".

11
A penitência

Uma vez, um juiz secular dizia: "Frei Egídio, de que forma nós, que estamos no mundo, podemos alcançar o estado de graça e de virtude?" Respondeu-lhe Frei Egídio: "Em primeiro lugar, a pessoa deve arrepender-se de suas culpas, depois, confessá-las com sinceridade. A seguir, cumprir humildemente a penitência que lhe foi imposta, guardar-se de todo pecado e de toda ocasião de pecado e, finalmente, praticar boas obras".

Bendito o mal que se converte em bem para o homem, e maldito o bem que para o homem se transforma em mal.

Neste mundo, o homem deveria suportar os males com boa vontade, porque este foi o exemplo que o próprio Nosso Senhor Jesus Cristo nos deu.

Bem-aventurado quem se arrepende dos seus pecados e chora, dia e noite, sem encontrar consolação neste mundo, até chegar onde serão satisfeitos todos os desejos do seu coração.

12
A oração e seus efeitos

A oração é o princípio e o coroamento de todo o bem.

A oração ilumina a alma e por ela se distingue o bem e o mal.

O pecador deveria pedir ao Senhor para que o fizesse conhecer a própria miséria, os seus pecados e os dons de Deus.

Quem não sabe rezar não conhece a Deus.

Se os que precisam ser salvos tiverem uso da razão, no fim devem necessariamente entregar-se à oração.

Suponhamos que uma mulher muito tímida e simples tenha um único filho, que ama ternamente. Por alguma culpa, o filho é preso pelo rei e condenado à forca. Será que ela, apesar de tímida e simples, não vai gritar e correr, com os cabelos soltos e o peito descoberto, para pedir ao rei que liberte seu filho? Onde esta simples mulher aprendeu a interceder por seu filho? Não teria sido o amor pelo filho e sua necessidade que fizeram com que ela, antes tímida e simples, apenas fora de casa, começasse a correr, gritando pelas praças em meio ao povo, tornando-se audaz e sábia? Assim também quem verdadeiramente conhecesse os próprios pecados, perigos e prejuízos, saberia e quereria rezar.

Disse-lhe um frade: "O homem deveria sentir-se muito aflito, se na oração não obtivesse a graça da devoção". Frei Egídio respondeu: "Quanto à oração, aconselho-te a ir devagar. Se possuis um barril de bom vinho e vês que no fundo dele existe uma borra, agitarias o barril, misturando o vinho com a borra? Certamente, não! Da mesma forma, se um dia a mó do moinho não fizer farinha boa, o moleiro não a quebra logo a golpes de martelo. Ao contrário, devagar e com paciência a repara para que volte a fazer farinha boa. Faze tu o mesmo! E pensa que na oração nem ao menos és digno de receber alguma consolação de Deus. Afinal, se alguém tivesse vivido do começo do mundo até hoje e pudesse viver até o fim do mundo, e se na oração diariamente seus olhos se enchessem de lágrimas, nem assim, no fim do mundo, teria merecido receber alguma consolação de Deus".

Uma vez, um frade dizia: "Por que o homem sente mais tentações quando está rezando do que nos outros tempos?" Respondeu-lhe o santo Frei Egídio: "Suponhamos que alguém tenha uma questão com um adversário no tribunal de algum príncipe. Ele procurará aquele senhor, propondo-lhe que pronuncie a sentença contra seu adversário. Este, percebendo o fato, faria de tudo para que a sentença não saísse a favor do outro. É assim que age o demônio contra nós. Por isso, quando estás conversando com os outros, frequentemente parece que não sentes a guerra das tentações; mas, se para alegrar a tua alma te entregares à oração, então sentirás contra ti as flechas acesas do inimigo. No entanto, nem por isso deverás deixar a oração, mas resistir firmemente, pois é este o caminho que leva à pátria celeste. Quem deixar a oração por causa disso, assemelha-se àquele que foge do campo de batalha".

Outro lhe dizia: "Sei de muitos que, apenas começam a oração, imediatamente recebem a graça da devoção e das lágrimas. Eu, porém, só com muito esforço sinto alguma coisa". Respondeu-lhe Frei Egídio: "Continua fiel e piedosamente, porque a graça que Deus não dá em uma ocasião pode dá-la em outra. E quando não a dá em um dia, em uma semana, em um mês ou em um ano, poderá dá-la em outro dia, em outra semana, em outro mês ou em outro ano. Com humildade, confia a Deus o teu esforço, e Deus te dará a graça na medida de sua vontade. Quando quer fazer um facão, o ferreiro deve bater muito o ferro antes que o facão esteja pronto. Mas, no fim, basta uma batida, e o facão está pronto".

O homem deveria cuidar muito de sua salvação. Se o mundo estivesse cheio de homens, a ponto de, se fosse possível, chegarem até o céu, e se de todos eles apenas um se salvasse, assim mesmo, todos deveriam seguir sua graça para poder ser o escolhido. Afinal, perder a pátria celeste não é a mesma coisa que perder a correia do calçado! Mas ai de nós: há quem dê e não há quem receba!

Outra vez, um frade perguntou ao santo Frei Egídio: "Frei Egídio, o que estás fazendo?" Respondeu: "Estou fazendo o mal". O outro, porém, continuou: "Que mal podes fazer, se és um frade menor?" Então Frei Egídio disse a outro frade menor ali presente: "Quem está mais disposto: Deus a dar sua graça ou nós a recebê-la?" E ele respondeu: "Certamente Deus está mais pronto a dar do que nós a receber". Disse-lhe o santo Frei Egídio: "E agindo assim, fazemos bem?" Ao que ele respondeu: "Ao contrário, fazemos mal". Voltando-se para o que fizera a pergunta, Frei Egídio disse: "Vês? Está claro que eu te dizia a verdade ao responder que faço o mal".

Dizia também: "A Sagrada Escritura recomenda muitas obras. Por exemplo, vestir os nus, dar de comer a quem tem fome e muitas outras (cf. Is 58,7; Mt 25,35s.). Todavia é da oração que o Senhor fala, quando diz: *São estes os adoradores que o Pai deseja* (Jo 4,23). As boas obras enfeitam a alma, mas a oração é algo bem maior".

Os religiosos de vida santa são como os lobos: só por grande necessidade e por pouco tempo aparecem em público.

Um frade muito familiar a Frei Egídio lhe disse: "Por que, de vez em quando, não vais para o meio dos homens do mundo que querem falar contigo?" Respondeu Frei Egídio: "Quero fazer o bem a meu próximo sem prejudicar a minha alma. Não acreditas que, às vezes, eu daria uma grande soma, se a tivesse, antes que entregar a mim mesmo aos outros?" E o frade: "Creio". Frei Egídio continuou: "E acreditas que eu daria quatro vezes aquela soma, antes que entregar a mim mesmo ao próximo?" E o outro: "Creio". Disse-lhe Frei Egídio: "No Evangelho o Senhor diz: *Todo aquele que abandonar pai, mãe, irmãos e irmãs etc. por amor de meu nome receberá cem vezes mais neste mundo* (Mt 19,29; Mc 10,30; Lc 18,30). Em Roma, houve alguém, que depois entrou na Ordem dos Frades Menores, cujos bens, dizia-se, valiam sessenta vezes mais. Portanto, o dom que o Senhor Deus dá neste mundo é algo muito grande, se vale o cêntuplo dessa soma. Mas nós somos cegos e imbecis. Quando vemos um homem cheio de graça e virtude, não conseguimos suportar sua perfeição. E se alguém for verdadeiramente espiritual, dificilmente quereria ver, ouvir ou ficar com os outros, a não ser por grande necessidade. Preferiria ficar na solidão".

Dizia, também, de si mesmo: "Preferiria ser cego, antes que ser o mais belo, o mais rico, o mais sábio e o mais nobre homem do mundo". Alguém lhe perguntou: "Por que quererias ser cego, antes que possuir todos esses bens?" Respondeu: "Pois tenho medo de que eles impeçam o meu caminho".

Bem-aventurado aquele que não pensar, disser ou fizer algo que mereça repreensão.

13
A contemplação

Uma vez, Frei Egídio perguntou a um frade: "No dizer desses sábios, o que é a contemplação?" Ele respondeu: "Não sei". E Frei Egídio continuou: "Queres que eu te diga a minha opinião?" O outro respondeu: "Quero". Disse o santo Frei Egídio: "A contemplação tem sete degraus: fogo, unção, êxtase, contemplação, gosto, descanso, glória".

Por *fogo,* entendo uma espécie de luz, que vem primeiro para iluminar a alma. Depois, a *unção* com os perfumes, da qual se origina um odor maravilhoso, lembrado no Cântico: *Mais aromático que teus perfumes...* (Ct 1,3). A seguir, o êxtase: sentido o perfume, a alma é arrebatada e levada para fora dos sentidos do corpo. Segue a *contemplação*: depois que se abstrai dos sentidos corporais, a alma contempla Deus com admirável clareza. Depois, vem o *gosto*, que é a admirável doçura que a alma experimenta na contemplação, e da qual se fala no salmo: *Provai e vede etc.* (Sl 34,9). E, então, o *descanso*, quando, depois de provada a doçura espiritual, a alma nela se relaxa. Por fim, aparece a *glória*, porque em tanta paz ela se reveste de pompa e se enche de imensa alegria. Donde o salmo: *Possa eu saciar-me de tua glória* (Sl 17,15).

Dizia também: "Ninguém pode chegar a contemplar a glória da majestade divina senão pelo fervor do espírito e pela oração frequente. O homem arde neste fervor de espírito e chega à contemplação quando o coração e os demais sentidos atingirem um ponto tal que nada mais queiram ou pensem além do que possuem e sentem".

A vida contemplativa consiste na renúncia a toda a criatura por amor a Deus, na busca exclusiva das coisas do céu, na fidelidade à oração, na meditação constante e no louvor incessante a Deus com hinos e cânticos.

Contemplar é estar separado de tudo e unido unicamente a Deus.

Disse ainda: "Bom contemplativo é aquele que, tendo os pés e as mãos amputados, extraídos os olhos, cortados o nariz, as orelhas e a língua, por causa da grandeza do suavíssimo, inenarrável e inestimável odor, prazer e doçura, não se preocupa com os seus sentidos ou com outra coisa que se possa imaginar neste mundo. E nada deseja possuir além do que tem e sente. Como Maria que, *sentada aos pés do Senhor* (Lc 10,39s.), experimentava tanta doçura na Palavra de Deus que não tinha membro que pudesse ou quisesse fazer outra coisa além daquilo que fazia naquele momento. Isso fica claro no fato de ela não ter respondido, por palavra ou por gesto, à sua irmã que se queixava de não a estar ajudando. Então, Cristo tomou sua defesa, respondendo em lugar de Maria, que não podia responder".

14
A vida ativa

Como não há ninguém que possa chegar à vida contemplativa sem antes se exercitar fiel e devotamente na vida ativa, é preciso entregar-se a esta com todo esforço e seriedade.

Bom na vida ativa seria aquele que, se fosse possível, nutrisse todos os pobres da terra, vestisse a todos, provesse abundantemente a todos com o que lhes fosse necessário e ainda construísse todas as igrejas, hospitais e pontes deste mundo. E, se depois disso tudo fosse por todos reputado um homem mau, ele soubesse disso e quisesse ser considerado isso mesmo, nem assim deveria deixar de fazer o bem. Antes, deveria praticá-lo com maior ardor, como quem não quer, não deseja e não espera por suas obras nenhuma recompensa neste mundo. Como Marta, que *andava atarefada com o muito serviço* e pedia para ser ajudada pela irmã, quando foi repreendida pelo Senhor. Mas não deixou de fazer o seu bem. Da mesma forma, o bom na vida ativa não deve desistir das boas obras por causa da repreensão ou desconhecimento dos outros, porque não espera um prêmio terreno, mas eterno.

Dizia também: "Se na oração encontrares a graça, reza. Se não a encontrares, reza. Pois Deus aceitou também a oferta dos pelos das cabras" (cf. Ex 25,4).

Às vezes, um rei ama mais o pé de um servo que trabalha pouco para ele do que toda a pessoa de outro que trabalha muito mais. Porque o *Senhor olha para o coração* (1Sm 16,7).

Quando o Senhor confiou o ministério da pregação a São Pedro, disse-lhe que havia retido para si a parte principal: *E tu, uma vez convertido, confirma os teus irmãos* (Lc 22,32).

15
A constante cautela espiritual

Se queres enxergar bem, arranca os olhos e sê cego; se queres ouvir bem, sê surdo; se queres andar bem, corta teus pés; se queres agir bem, corta as mãos; se queres amar bem, odeia; se queres viver, mortifica-te; se queres ganhar bem, sabe perder; se queres ser rico, sê pobre; se queres gozar, sacrifica-te; se queres estar seguro, tem sempre medo; se queres ser exaltado, humilha-te; se queres ser honrado, despreza-te e louva quem te despreza; se queres ter o bem, suporta o mal; se queres ter paz, trabalha; se queres ser abençoado, deseja ser amaldiçoado. Ó que sabedoria é saber fazer isso! Mas porque são grandes coisas, não são concedidas a todos.

Se o homem vivesse mil anos e nada tivesse a fazer além de cuidar de si, teria o suficiente a fazer dentro do seu coração. E não chegaria a terminar sua tarefa; tanto haveria a fazer somente no seu coração.

Quem não se transformar em dois personagens, o juiz e o patrão, não pode salvar-se.

Ninguém deve querer ver ou ouvir alguma coisa ou falar de outra que não seja para a sua utilidade. Jamais deve comportar-se de modo diverso.

Quem não quer conhecer não será conhecido. Mas ai de nós: os que possuem os dons do Senhor não os conhecem; e os que não os possuem não os procuram.

O homem faz de Deus a imagem que quer. Mas Deus permanece sempre o mesmo (cf. Ml 3,6; Hb 1,12).

16
A ciência útil e inútil e os pregadores da Palavra de Deus

Quem quer saber bastante, incline a cabeça, trabalhe muito e se abaixe até o chão. E o Senhor lhe dará muita sabedoria.

A mais alta sabedoria consiste em cumprir boas obras, vigiar-se bem e meditar os juízos de Deus.

Uma vez, Frei Egídio disse a alguém que queria ir para a escola a fim de aprender: "Por que queres ir para a escola? A mais alta de todas as ciências é temer e amar a Deus. É o que te basta. O homem tem tanta sabedoria quanto o bem que pratica; não mais. Portanto, não confies tanto na tua sabedoria, mas procura agir com todo o esforço e põe a esperança nestas obras. O apóstolo diz: *Não amemos com palavras nem de boca, mas com obras e verdade* (1Jo 3,18). Não te preocupes tanto em ser útil aos outros; procura antes ser útil a ti mesmo". Às vezes, queremos saber muitas coisas para os outros e poucas para nós mesmos.

A Palavra de Deus não é de quem a ouve ou prega, mas de quem a pratica.

Muitos que não sabiam nadar se lançaram na água para salvar quem estava se afogando e acabaram morrendo junto. Antes, havia um prejuízo; agora, são dois.

Se te esforçares por salvar a tua alma, procurarás a salvação de todos os teus amigos. Se resolveres bem o teu problema, resolverás também o problema de todos os que te amam.

O pregador da Palavra de Deus é posto pelo Senhor como luz, espelho e porta-estandarte do seu povo.

Bem-aventurado aquele que guia os outros pelo bom caminho, sem deixar de andar por ele; que convida os outros a correrem, sem deixar de correr também; que ajuda os outros a se enriquecerem, sem que por isso se torne pobre.

Penso que um bom pregador fala mais para si do que para os outros.

Creio que quem deseja atrair as almas dos pecadores deve ter mais medo de ser por eles atraído para o mal. Um frade lhe perguntou: "De que modo?" E ele: *Desvia os teus olhos da vaidade* (cf. Sl 119,37). Porque os que falam não compreendem e os que ouvem não entendem".

Alguém lhe perguntou: "O que é melhor: Pregar bem ou fazer o bem?" Respondeu: "Quem tem mais merecimento: Quem vai em peregrinação a Santiago ou quem ensina aos outros o caminho para Santiago?"

Vejo muitas coisas que não são minhas; ouço muitas que não compreendo; digo outras que não pratico. Por isso, penso que a pessoa não se salva apenas por ver, falar e ouvir.

17

As boas e as más palavras

Quem pronuncia boas palavras é *como a boca de Deus* (cf. Jr 15,19). Quem diz palavras más é como a boca do diabo.

Quando os servos de Deus se reúnem em algum lugar para conversar, deveriam falar da beleza das virtudes, para sentir-lhes o gosto. Porque, se sentissem gosto pelas virtudes, praticá-las-iam; e, praticando-as, cresceria sempre mais seu amor por elas.

Quanto mais cheio de vícios for alguém, tanto mais tem necessidade de ouvir falar das virtudes. Assim como de tanto ouvir falar de vícios alguém cai neles com muita facilidade, da mesma forma, pelo frequente discurso sobre as virtudes, mais facilmente alguém é levado e se dispõe a elas. Mas o que diremos? Não sabemos falar da beleza do bem, como não sabemos falar da feiura do mal. Que diremos, pois? Não sabemos dizer quanto é bom o bem, nem quantas culpas e castigos produz o mal. Isso porque não conseguimos compreender nem um nem outro.

Creio que saber calar não é virtude menor do que saber falar. Penso até que o homem deveria ter um pescoço como o grou, para que a palavra tivesse que passar por muitos nós antes de sair da boca.

18
A perseverança no bem

Que adianta ao homem jejuar, entregar-se à oração, flagelar-se, ter grandes luzes do céu e não chegar à salvação?

Às vezes, aparece no mar um navio bonito, grande, novo e carregado de mercadorias preciosas. De repente, porém, surge um perigo, e ele não chega ao porto, mas naufraga miseravelmente. De que lhe serviu toda a solidez e a beleza? Outras vezes, navega pelo mar uma nave feia, pequena, velha, carregada de poucas riquezas. Mas, governada com muita perícia, consegue escapar dos perigos do mar e chegar felizmente ao porto. Só esta pode ser recomendada. A mesma coisa acontece com os homens deste mundo. Por isso, com razão todos devem temer.

Quando nasce, uma árvore não é logo grande. E, crescida, não floresce logo. E, quando floresce, não produz logo frutos. E, se produz frutos, estes não são logo grandes. E, quando são grandes, não amadurecem logo. E, quando amadurecem, nem todos chegam a ser comidos, mas muitos caem por terra, apodrecem ou são devorados pelos porcos e outros animais.

Alguém lhe disse: "Que o Senhor te reserve um bom fim". Frei Egídio respondeu: "De que me serviria procurar o Reino dos Céus durante cem anos, se não tivesse um fim bom? Creio que sejam dois os grandes bens do homem: amar a Deus e precaver-se sempre de todo pecado. Quem possuir estes dois bens possui todos".

19
A segurança do estado religioso

Dizia Frei Egídio, falando de si mesmo: "Prefiro ter um pouco de graça divina estando na Ordem do que muita estando no mundo; porque no mundo os perigos são maiores e as ajudas menores do que no estado religioso. Mas o pecador tem mais medo do próprio bem do que do próprio mal, porque tem mais medo de fazer penitência e entrar para a vida religiosa do que ficar no pecado e permanecer no mundo".

Um leigo foi aconselhar-se com Frei Egídio, perguntando-lhe se era melhor ele entrar para a vida religiosa ou não. O santo Frei Egídio respondeu-lhe: "Se um homem paupérrimo viesse a saber de um tesouro escondido em um campo aberto a todos, será que ele iria se aconselhar com alguém ou correria rapidamente para o tesouro? Tanto mais os homens deveriam correr para desenterrar o tesouro celeste!" Ouvindo isto, o leigo vendeu o que tinha e entrou para a vida religiosa. Frei Egídio dizia também: "Muitos entram para a vida religiosa, mas não praticam o que ela exige. São como o camponês que se reveste com as armas de Orlando e não sabe lutar com elas. Nem todos saberiam cavalgar o imponente Baiardo, ou montá-lo sem cair. Penso que não é grande coisa entrar na corte do rei, nem receber dele grandes presentes. Mas penso que seja grande coisa comportar-se como se deve na corte do rei. A corte do grande Rei é a vida religiosa. Entrar e nela receber grandes dons não é lá grande coisa, mas sim saber viver nela como se deve e perseverar fiel e devotamente até o fim. Prefiro ficar no mundo e fiel e devotamente desejar entrar para a vida religiosa do que permanecer nela contrariado".

A gloriosa Virgem Maria, a Mãe de Deus, nasceu de pecadores e pecadoras e não pertenceu a nenhuma Congregação religiosa. E, todavia, é o que é.

O religioso deve crer que não sabe nem pode viver, a não ser na vida religiosa. Uma vez, disse também a um companheiro seu: "Desde o princípio do mundo até hoje nunca existiu Congregação religiosa melhor do que a dos frades menores, nem apareceu outra com maior liberdade".

Dizia ainda: "Creio que a Ordem dos Frades Menores foi verdadeiramente colocada neste mundo para grande utilidade dos homens. Mas, ai de nós se não formos pessoas como deveríamos ser! Parece-me que a Ordem dos Frades Menores é a mais pobre e a mais rica deste mundo. E penso que o nosso maior pecado seja o de querermos ir muito alto. É rico quem vive como um rico; é sábio quem segue um homem de grande ciência; é bom quem imita um homem virtuoso; é belo quem se assemelha a alguém bonito; é nobre quem imita um nobre, isto é, Nosso Senhor Jesus Cristo".

20
A obediência e a sua utilidade

Quanto mais o religioso for submisso ao jugo da obediência por amor a Deus, tanto mais produzirá fruto. E quanto mais o religioso, para o louvor de Deus, for obediente e sujeito ao superior, tanto mais será pobre e livre de seus pecados aos olhos dos homens do mundo.

O religioso de grande obediência é semelhante a um cavaleiro bem armado que monta um bom cavalo: ele passa incólume por entre os seus inimigos, porque ninguém consegue atingi-lo. Mas o religioso que obedece de má vontade é semelhante a um soldado sem armadura e montado em um cavalo ruim: ao passar entre os inimigos, cai, e estes o prendem, amarram, ferem, encarceram e, às vezes, matam.

O religioso que quer viver segundo a própria vontade quer ir para o fogo do inferno.

Enquanto o boi mantém a cabeça sob a canga, os celeiros se enchem de trigo. Mas, se ele se livra dela e anda por aí pensando que é um grande senhor, os celeiros não se enchem.

Os homens grandes e sábios humildemente põem a cabeça sob o jugo da obediência. Os tolos a tiram fora e não querem obedecer.

A mãe alimenta e cria o filho. Mas este, às vezes, quando cresce, por causa de sua soberba não obedece à sua mãe. Até zomba dela e a despreza.

Creio que é mais importante obedecer ao superior por amor a Deus do que obedecer ao próprio Criador, se este manifestasse sua vontade diretamente.

E penso também que se alguém tivesse a graça de poder conversar com os anjos, e enquanto estivesse falando fosse chamado pelo homem a quem prometeu obediência, deveria deixar o colóquio com os anjos e obedecer à pessoa a quem é submisso por amor ao Criador. Mostra-o claramente o primeiro livro de Samuel, onde se lê que o Senhor não revelou sua vontade a Samuel antes de ele obter a licença de Eli (cf. 1Sm 3,1-10).

Quem põe a cabeça sob o jugo da obediência e depois, dizendo que quer seguir o caminho da perfeição, a tira fora, mostra que no fundo esconde uma grande soberba.

O bom costume é o caminho para todo o bem. O costume mau leva a todo o mal.

21
A lembrança da morte

Se alguém tivesse vivido do princípio do mundo até hoje e em todo o tempo de sua existência só tivesse suportado adversidades, mas agora começasse a receber a plenitude de todos os bens, que dano lhe causariam os males que padeceu? E se alguém, em toda a sua vida, do princípio do mundo até hoje, só tivesse tido prazeres, e agora fosse para o castigo eterno, que vantagem lhe traria o bem que gozou?

Um secular lhe disse: "Gostaria de viver neste mundo o mais possível e na maior abundância". Respondeu-lhe: "Se vivesses mil anos e fosses o senhor do mundo, ao morrer, que prêmio receberias da carne à qual serviste? Mas quem vive virtuosamente e se guarda do pecado no breve espaço de tempo que lhe é dado, no futuro receberá um prêmio inefável".

22
A fuga do mundo

A boa companhia é para o homem como um remédio. A má, como um veneno. As árvores que estão ao longo de uma estrada muito movimentada, por vezes, são cortadas pelos transeuntes, e seus frutos não chegam a amadurecer. Temos o mesmo prejuízo, quando ficamos no meio das pessoas.

23
A perseverança na oração

Alguém disse a Frei Egídio: "O que poderia eu fazer para sentir alguma doçura pelas coisas de Deus?" Respondeu: "Alguma vez, Deus já te inspirou alguma boa vontade?" E ele: "Muitas vezes". Levantando alto a voz, disse-lhe Frei Egídio: "Por que não conservaste aquela boa vontade e não procuraste um bem ainda maior?"

Outro disse: "O que devo fazer, já que sou árido e sem devoção?" Respondeu-lhe ironicamente: "Deixa de rezar a Deus e não apresentes mais tua oferta ao altar!" Quando uma enchente devastadora danifica o leito e o canal da água que move o moinho, o moleiro se esforça para devagarzinho consertar o que a água estragou. Igualmente, quando a mó não faz farinha boa, ele não a quebra logo com um grande martelo, mas a repara, com arte e paciência, batendo-a com um martelo pequeno.

Os religiosos foram chamados por Deus para se dedicarem sobretudo à oração, à humildade e à caridade fraterna. Mas, ai daqueles que perderam o desejo da vida perfeita e querem voar alto demais!

O homem que quer procurar Deus de forma correta deve fazer como a criancinha quando a mãe se afasta dela. Não se acalma com nada, se ela não voltar, e a procura com tanta vontade que parece morrer. E, se lhe fosse dado todo o ouro do mundo, se fosse feita imperador, se todos os homens a servissem e lhe prestassem as maiores honras, de nada lhe importaria tudo isso, se não recuperasse sua mãe. Assim deve agir quem quer procurar Jesus Cristo.

Ó homem infeliz, olha, pensa, medita sobre teu miserável estado, porque és cego, pobre e nu. Se te considerasses cego, pedirias ao Rei dos reis que te iluminasse; se te considerasses pobre, pedirias algo para comer; se te considerasses nu, procurarias uma veste. Aproxima-te, portanto, da fonte das graças e virtudes e pede-lhe alguma coisa. A quem pede se dá, quem procura encontra, a quem bate se abre. Pede com a oração, procura pelo desejo do amor e bate sem cessar.

24
As graças e as virtudes que se alcançam com a oração

Muitas são as graças e as virtudes que se conseguem e alcançam com a oração. Primeira, o espírito do homem fica esclarecido; segunda, sua fé é robustecida; terceira, chega-se ao conhecimento das próprias misérias; quarta, o homem chega ao santo temor de Deus, humilha-se e despreza-se a si mesmo; quinta, chega à contrição do coração; sexta, sua consciência é purificada; sétima, a paciência é fortificada; oitava, a pessoa se submete à obediência; nona, chega à verdadeira discrição; décima, chega à ciência; undécima, chega à inteligência; duodécima, chega à fortaleza; décima terceira, chega à sabedoria; décima quarta, chega ao conhecimento de Deus, que se revela aos que *o adoram em espírito e verdade* (Jo 4,24). Depois disso, o homem sente o amor, corre atrás do perfume, chega à suavidade da doçura, é levado à paz de espírito e, por fim, chega à glória.

Mas depois que o homem colocou sua boca na palavra do Altíssimo, onde a alma se sacia, quem poderá separá-lo da oração que o conduz a tão alta contemplação? Por isso, diz São Gregório: "Depois que sentimos a celestial doçura, todas as coisas da terra perdem seu valor".

Porém, para chegar a este ponto, entre muitas outras coisas, são necessárias as seguintes: primeiro, considerar os pecados passados, dos quais é preciso arrepender-se; segundo, prestar atenção aos pecados presentes; terceiro, temer os pecados futuros; quarto, considerar a misericórdia de Deus, que espera o pecador sem castigá-lo por seus pecados, mesmo que por todo o pecado mortal mereça a pena eterna segundo a justiça divina; quinto, meditar os inexplicáveis benefícios de Deus, isto é, a humanidade que Ele assumiu por nós, a paixão que por nós sofreu, a doutrina que nos deixou; sexto, ocupar-se com a glória que nos prometeu.

25

A negligência dos superiores na canonização de alguns frades

Frei Egídio achava que os superiores maiores da Ordem dos Frades Menores não estavam agindo bem ao não se esforçarem bastante para que o senhor papa canonizasse os frades menores gloriosamente mortos no Marrocos por causa da fé que professaram. Dizia isso não em vista da própria glória, mas somente para a honra de Deus e a edificação do próximo. Se o papa quisesse canonizá-los, muito bem; se não o quisesse, os frades estariam desculpados diante de Deus, porque se preocuparam com isso. E acrescentava: "Se não tivéssemos tido o exemplo dos irmãos que nos antecederam, talvez não estivéssemos no estado de penitência em que estamos. Mas Deus retribui segundo o que cada um deu: ouro a quem deu ouro, fino pano escarlate a que deu fino pano escarlate, enfeite a quem deu enfeite; afinal, ninguém faz nada a Deus que Deus não o retribua".

26
Como o Beato Egídio resolveu algumas questões importantes

Uma vez, o santo Frei Egídio lamentava a sorte de uma cidade de cuja sanguinolenta conquista ficara sabendo. Lastimava tanto a crueldade dos vencedores quanto o sofrimento dos vencidos. E depois de dizer que sobre estes se devia fazer um grande lamento, acrescentou: "Todavia, Deus permitiu que os homens daquela cidade fossem punidos e humilhados, porque, muitas vezes, quando eram mais fortes do que os seus vizinhos, eles os trataram desumanamente". Um frade disse-lhe, então: "Se Deus assim quis, nós não devemos, como dizes tu, lamentar os habitantes daquela cidade, mas alegrar-nos com seu castigo, porque todo homem deve conformar sua vontade com a vontade de Deus". O santo Frei Egídio respondeu: "Suponhamos que um rei tenha feito uma lei segundo a qual quem cometesse determinado crime deveria ser decapitado ou enforcado. Suponhamos ainda que o próprio filho do rei cometesse o delito e que por

75

sentença do pai fosse levado ao suplício. Crês que o rei ficaria contente se o povo festejasse e gritasse: *Alegremo-nos, porque o rei condenou seu filho* à *morte?* Certamente, tal alegria não causaria grande prazer ao rei; antes, muito desgosto. O mesmo acontece no nosso caso".

Outra vez, alguém disse a Frei Egídio. "Se alguém me louvar por um bem que tenho certeza de não possuir, e assim mesmo me vangloriar no meu coração…?" Respondeu Frei Egídio: "Se alguém fosse paupérrimo, todo chagado e macilento, coberto de roupas esfarrapadas e sujas e os pés descalços, e as pessoas se aproximassem e lhe dissessem: *Salve, senhor nosso. És portentosamente rico, magnificente e belo, e as roupas que vestes são maravilhosas.* Não seria ele um louco, se lhe agradassem tais louvores e se ele acreditasse nas palavras dos outros, sabendo que a realidade é totalmente outra?"

27
O temor de Deus

De muito maior boa vontade, o homem deveria fazer mil coisas por amor do que uma por temor, pois o verdadeiro temor nasce do verdadeiro amor. E ninguém pode chegar a este verdadeiro e sumo temor, senão pelo sumo e verdadeiro amor de Deus, porque o temor sincero e santo afasta todo outro temor; quem o possui se inclina à obediência e abaixa a cabeça até o chão sob o jugo dessa virtude. O santo temor mostra o grau de amor a Deus que alguém possui, na medida em que se humilha e vence a si mesmo, não só para obedecer ao Criador, mas também à criatura. Possuir esse temor e esse amor é o maior dom que alguém pode receber de Deus; mas não é concedido a todos.

Quanto maiores forem os dons que o Senhor concede a um servo seu, tanto maior a ingratidão, se ele não lhe for agradecido, produzindo frutos. Por isso, é perigoso pedir virtudes a Deus, pois, se não agires segundo a graça que recebeste, por causa da ingratidão, tornar-te-ás o maior inimigo de Deus.

Frei Egídio dizia que os pecados são como o carrapicho que gruda à roupa de tal forma que a muito custo se consegue tirar.

Se teus atos me tornarem pacífico, será bom para ti. Se me tornarem paciente, mau para ti.

Uma vez Frei Egídio disse a um irmão: "Das árvores que viste, qual delas te parece a mais bonita?" Respondeu o irmão: "Já vi belíssimos abetos e faias". E Frei Egídio: "Mas que fruto produzem? A videira, porém, produz um fruto suculento, que é pisado, guardado em barris e se torna sempre melhor, a ponto de transtornar o homem e fazê-lo ficar fora de si. Por que, então, maravilhar-nos, se também o Criador faz o homem ficar fora de si?"

Disse ainda: "Uma alma boa é como um barrilzinho de vinho em fermentação.

Mas onde estão os seus aros?"

Outra vez, disse ao mesmo frade: "Já viste alguma árvore grande?" Ele respondeu que sim. E Frei Egídio: "Quando aquela árvore grande começou a sair da terra, tê-la-ias arrancado com dois dedos. E agora, quanta força é necessária? Da mesma forma, outrora uma criatura apenas causou mais mal do que o mundo inteiro".

Alguém lhe perguntou: "Contra que vício o homem deveria combater com maior empenho?" Respondeu: "Por onde sai o vinho é que se fecha o barril. Assim, também, tu deves lutar contra o vício que mais te ataca".

Outro lhe disse: "Por que João Batista levou uma vida tão dura, sendo ainda jovem?" Respondeu: "Por que se salga a carne? Não é porque está estragada, mas para secá-la, impedindo que apodreça e se encha de vermes, e também para que seja mais saborosa".

Bem-aventurado aquele que procura vencer-se a si mesmo.

Nossa carne é como Bagdá, a cidade dos sarracenos, contra a qual devemos lutar com firmeza.

Se o homem não preparar em si um lugar para Deus, não encontrará lugar entre as criaturas de Deus.

Alguém lhe disse: "Frei Egídio, estive à tua procura, desejando falar-te". Respondeu-lhe ele: "Se vires o sol, pouco te importa o alvorecer. O sol é Cristo. É a Ele que devemos procurar". E acrescentou: "Se todas as coisas belas e todos os perfumes criados por Deus estivessem reunidos em um mesmo lugar, quem conseguiria suportar tudo isso? Que se dirá, então, do Criador de todas essas coisas?"

Se alguém te disser uma palavra boa e tu lhe responderes bem, será bom para ti e para ele. Se alguém te disser uma palavra má e tu lhe responderes mal, será ruim para ti e para ele. Mas, se alguém te disser uma palavra má e tu lhe responderes bem, será bom para ti e ruim para ele.

Uma vez disse a um frade: "Nos Salmos, Davi tem três palavras que ninguém pode entender bem, se não tiver o espírito de quem falou daquela maneira. A primeira é: *Como é grande a abundância das tuas doçuras* etc. (Sl 31,20). A segunda é: *Provai e vede como o Senhor é bom* (Sl 34,9). A terceira é: *Grande é a paz dos que amam tua lei: nada há que os faça tropeçar*" (Sl 119,165).

A maior graça que alguém pode receber do céu é saber conviver bem com aqueles entre os quais deve viver.

Duas nobres damas pediam a Frei Egídio que lhes dissesse alguma boa palavra. Este disse: "Sobre que assunto vamos falar? Se falarmos das coisas temporais e mundanas, será inútil; se falarmos das obras carnais, será vergonhoso; se quisermos falar de Deus, quem saberia falar de forma conveniente e quem entenderia aquele que fala?" E imediatamente caiu em êxtase. Uma das mulheres disse: "Fiquei triste, porque falou conosco tão pouco". A outra respondeu: "Em poucas palavras ele disse tudo o que era necessário".

Em outra ocasião, disse: "As graças e as virtudes foram feitas para as criaturas, e é como se estivessem dizendo a todos: 'Vinde, recebei-nos, e vos ensinaremos o caminho da verdade'. E o pobre homem não quer ir. De quem então é a culpa, se o homem vive sempre na miséria e na pobreza, e mesmo quando é chamado para o Senhor não faz nenhum esforço para se aproximar? Por isso, merece o castigo eterno".

28
"As pessoas que não querem..."

Dentre todas as Ordens religiosas, e também dentre os religiosos, algumas agradam e outras desagradam a Deus. Das que agradam, há duas categorias: uma se chama dos *amantes* e a outra dos *benevolentes*.

Pertencem à categoria dos *amantes* todos os grandes servos de Deus que são tomados interiormente pela sede de agradar a Deus e pela sede de agradar ao próximo por amor a Deus. Estes têm como que quatro olhos: um olho presta sempre atenção ao que mais agrada à vontade e ao gosto do Senhor Deus; o outro, segue sempre o próximo, a fim de dar-lhe paz e bom exemplo a cada momento. Quanto aos outros dois, um olha para frente, e outro para trás. O que olha para frente vê o que deve acontecer com os atos que a pessoa pratica; o que olha para trás vê se aquilo que a pessoa faz agrada a Deus. Assim, o olho que está à frente olha para trás, e o que está atrás olha para frente, e são os juízes dos atos.

A outra categoria chama-se dos *benevolentes* e compreende todos aqueles que se esforçam para não dizer ou fazer algo que ofenda o próximo. E se os outros lhes causam algum desgosto, com a maior boa vontade e sinceridade de coração servem aqueles que os ofendem. Andam sempre pelo caminho da justiça e, nas suas relações com os outros, jamais ultrapassam os limites da justiça. Estas duas categorias agradam a Deus.

Mas caem no desagrado de Deus os religiosos que por interesses terrenos vivem em discórdias e brigas e se sentem satisfeitos não por causa do bem da alma, mas por causa da segurança dos bens. Podem, porém, voltar à graça por meio da penitência, da confissão e da vigilância. Mas devem prestar atenção, porque, por terem perseverado tanto no mal, correm o risco de verem fechar-se a porta da misericórdia e serem excluídos da salvação.

Os superiores, os mestres de Teologia, os pregadores e os sacerdotes foram chamados por Deus para levar as almas à salvação. Eles devem desejar e suspirar por isso com mais ardor do que quereriam tomar vinho ou água, se estivessem com muita sede, e até deveriam sofrer pelas almas. Os citados mestres, pregadores e sacerdotes estão na graça do Senhor Deus. Mas os mestres, os pregadores e os sacerdotes mais interessados em ser louvados e honrados do que em conduzir as almas para a salvação caem todos no desagrado de Deus. Todavia, podem sair da desgraça para a graça, se se confessarem e depois vigiarem. No entanto, podem persistir tanto no mal que se feche a porta da misericórdia e sejam excluídos da salvação.

O Senhor Deus criou todos os homens para sua glória e para que o amem sobre todas as coisas e ao próximo como a si mesmos por amor a Deus.

Uma pessoa ama a outra na medida em que mutuamente se amam e se exortam à salvação.

Toda a pessoa que não ama e não teme a Deus está em pecado mortal, entregue ao ódio e será excluída da salvação.

Toda a pessoa que cresce na autoestima se considera grande e merecedora dos dons de Deus e não reconhece que vem de Deus tudo o que possui, queira ou não queira, será por Ele diminuída e humilhada.

Toda a pessoa que não quer fazer penitência e pagar pelos pecados será condenada, excluída da salvação e lançada na perdição.

Toda a pessoa que não teme nem treme diante de Deus será levada a um grande pavor, excluída da salvação e lançada na perdição.

As pessoas que amam mais as coisas mundanas do que ao Senhor que as criou serão castigadas com tribulações e flagelos.

As pessoas que não amam o próprio bem, isto é, a salvação de sua alma, encontrarão o próprio mal, que é a condenação de sua alma.

Toda a pessoa que não quer ouvir nem observar a vontade do Senhor será condenada à pena eterna.

Toda a pessoa que faz pouco caso da Palavra de Deus será condenada ao castigo da ira divina.

Assim como a luz das estrelas se desfaz quando aparece o sol, da mesma forma se desfaz a luz do sol e da lua diante do esplendor de uma alma glorificada.

Um sinal de que o homem está na graça de Deus é ele de nada se gloriar, mas sempre se humilhar.

Peço desculpas a Deus e a vós, porque não sou eu que digo estas coisas. Por mim, eu mereceria ser enforcado e jogado no inferno, onde não há salvação.

São oito as pedras preciosas que o Senhor deu aos santos eremitas, a São Francisco, a São Domingos, aos santos monges e a todos os seus santos:

A primeira: de arrepender-se dos pecados, confessá-los, fazer penitência por eles, cuidar-se no futuro e ser obedientes.

A segunda: de estes santos homens estarem livres de qualquer esperança humana ou terrena, de forma que, não encontrando nenhuma raiz temporal ou carnal que os prendesse, seus corações necessariamente se voltavam só para Deus, que criou os corações.

A terceira: de reconhecerem que veio de Deus todo bem que possuíam, e de seus pecados todo mal.

A quarta: de com toda a boa vontade servirem àqueles que dissessem ou fizessem algum mal contra eles.

A quinta: de amarem as repreensões e não as honras, de gostarem de estar entre as pessoas penitentes e de serem misericordiosos e piedosos.

A sexta: de se considerarem mais vis do que os outros homens e os outros melhores do que eles.

A sétima: de servirem e não quererem ser servidos e, se alguém os desprezasse, dar-lhe razão, desprezando-se a si mesmos.

A oitava: de reconhecerem que todo o bem lhes veio de Deus e atribuí-lo a Deus, dizendo: "Senhor, o que somos nós? Se retirardes de nós os dons que nos destes, seremos os piores homens deste mundo". Pois quem se apropria dos benefícios que são de Deus, será por Deus despojado, e quem de nada se apropriar, mas atribuir tudo a Deus, receberá como próprio o bem que faz.

29
"Aço, aço, muito falo, pouco faço"

Dizia muitas vezes com fervor de espírito: "Paris, Paris, tu destróis a Ordem de São Francisco".

Uma vez, na praça de Perúgia, ensinou um pregador a dizer: "Aço, aço, muito falo, pouco faço".

Um dia, ouviu o patrão de um vinhedo, junto ao qual morava, dizer aos operários: "Trabalhem!" Então, saiu correndo da cela e aos gritos dizia: "Irmãos, ouvi qual deve ser a ordem: *Trabalhem, trabalhem, não conversem*".

Dizia também: "Quanto mais alguém se alegra com o bem que o Senhor faz ao próximo, tanto mais o bem se torna seu, com a condição de que saiba fazê-lo produzir e frutificar e saiba protegê-lo. Porque o bem não é do homem, mas de Deus". Dizia ainda: "Porque não sou um homem espiritual, como deveria ser, não sinto prazer ou alegria com o bem do próximo, nem participo ou me entristeço com seu mal. Daí que não me aproveito do bem ou do mal dos outros como deveria. E assim, ofendo a caridade, diminuo o bem que possuo e caio no pecado".

30
"Quem mais ama, mais deseja"

Deves pedir a Deus que não te dê muitos bens neste mundo, que te mande duros combates e não te console com sua ajuda, para que possas ter um prêmio maior. Dizia também: "Podes saber se alguém ama perfeitamente a Deus, se ele fizer um esforço sempre maior para se afastar dos vícios e diariamente procurar realizar obras boas".

Outra vez disse: "Na vida religiosa de hoje acontece o que aconteceu na Igreja primitiva: quando as pessoas se convertiam à fé, enfrentavam o martírio com ardor; mas, assim que cessou a perseguição, tornaram-se frias. Assim é hoje na vida religiosa: no início da vocação e da conversão éramos ardorosos na prática de uma frutuosa e amarga penitência e, depois de algum tempo, nos tornamos frios e mornos".

Entre os maiores bens que o Senhor nos deu está o de conservar a sua graça e, por meio de boas obras, saber lucrar e fazê-la frutificar e precaver-se do pecado. Dizia ainda: "Seguir a graça é uma virtude maior do que suportar com paciência as tribulações. Muitos suportam as tribulações com paciência, mas não seguem a graça".

Também dizia: "Dizer *frade menor* é o mesmo que dizer estar sob os pés de todos. Porque quanto mais se desce, tanto mais se sobe. Por isso, São Francisco dizia que o Senhor lhe havia revelado que se chamassem frades menores".

Costumava dizer: "Quem mais ama, mais espera".

Dizia também: "Certamente temos mais medo do bem do que do mal, pois o homem segue o mal, mas é contrário ao bem".

Devemos viver entre os homens de modo a não perder o que o Senhor opera em nós. E procuremos chegar à salvação com poucos. Porque frequentemente acontece que alguém que sabe nadar corre o risco de perecer e morrer, se não souber ajudar com prudência e cautela aquele que periga sucumbir na água.

Dizia também que o homem é obrigado a prestar contas até da graça que não recebeu. Isso porque o Senhor dá vida a suas criaturas por pura benevolência e graça, e o homem, por sua natureza, deve ser benévolo e cheio de graça. Daí que é por negligência e má inclinação que o homem perde sua perfeição; mas, se colaborar correta e solicitamente com a graça que lhe é concedida, verá que lhe será dada também aquela que espera.

É melhor morar na casa de Deus, isto é, na vida religiosa, cheia de serpentes, mas na presença do Senhor, do que morar em uma bela casa, cheia de delícias e riquezas, mas sem a presença divina.

Dizia ainda: "Antes de morrer quero chegar à perfeição nos seguintes pontos: Primeiro, quero ser obediente em tudo, até a morte; segundo, quero colocar-me sob os pés dos outros; terceiro, quero repreender-me e castigar-me duramente; quarto, quero mortificar minha carne com pontas de ferro; quinto, quero ser arrastado com uma corda ao pescoço, se deliberadamente me desviar de tais propósitos".

31
"Deves ser pessoa de virtudes"

Uma vez, na presença de alguns professores, disse Frei Egídio: "De minha parte, com prazer, gostaria de ter duas coisas: saber louvar a Deus pelos benefícios que me concedeu e penitenciar-me dos meus pecados. Isso me seria suficiente até a morte".

Disse também: "Para não se gloriar dos bens que Deus opera nele, é preciso que o homem, em primeiro lugar, atribua sempre os bens do Senhor unicamente a Deus, pois lhe pertencem; em segundo lugar, deve julgar-se culpável e pecador em tudo, sem desculpar-se de nada, exceto a heresia".

Disse, também, que o homem não só deve suportar pacientemente injúrias e ofensas, mas, com alegria, oferecer um presente a quem o injuria e maltrata, em vista do grande prêmio que lhe está reservado.

Havia um religioso de vida tão penitente que Frei Egídio temia que ficasse louco. Por isso, disse: "O imperador, os reis e os poderosos não fazem grandes dons aos tolos e loucos, mas aos sábios".

Disse também: "Como deve se esforçar o servo de Deus para encontrar e conseguir a humildade, já que a humildade não sabe falar e se julga um nada! O verdadeiro humilde considera-se um nada. Porque, quanto mais alguém se julga desprezível e vil, tanto mais encontra e possui a humildade e é exaltado por Deus". O Senhor disse a seus discípulos: *Outros trabalharam e vocês entraram no campo de suas fadigas* (Jo 4,38). No entanto, apesar de os apóstolos terem trabalhado tanto quanto os profetas, para conservar-lhes a humildade o Senhor lhes disse: *Quando fizerdes tudo que vos for ordenado, dizei: Somos servos inúteis* (Lc 17,10).

Disse também: "O Senhor nasceu debaixo da terra, isto é, em uma gruta, aceitou os presentes dos magos e fugiu para o Egito. Com isso, nos ensina a ser humildes e menores e sujeitar-nos a todas as criaturas".

Devemos receber a graça que generosamente o Senhor nos dá, pois foi para isso que Ele nos criou. Depois, devemos fazê-la frutificar com as boas obras, como Ele nos diz: *Negociai enquanto estou de viagem* (Lc 19,13). E devemos fugir dos vícios e dos pecados.

E disse a um certo frade: "Tu deves desejar que todos falem mal de ti".

Ao mesmo frade, disse também: "Podemos tornar-nos mártires sem espada e sem derramamento de sangue". E acrescentou: "A pessoa chega ao mérito e à coroa do martírio por meio da santa devoção, do regozijo e da alegria".

Disse, também, que uma pessoa deve amar uma criatura mais do que a outra, na medida em que o Senhor age mais em uma do que na outra e na medida em que o homem se edifique mais com uma do que com outra.

Uma vez, perguntou a alguém se tinha fé em Deus. Este respondeu que sim. Então lhe disse Frei Egídio: "Mostrar-te-ei quanta fé tens. Suponhamos que estejas andando pelas ruas de uma grande cidade e, logo ao primeiro passo, encontres alguém que, com olhar ameaçador e grande raiva, te faça uma injúria. Mais adiante aparece outro, mais furioso do que o primeiro, que te ofenda duas vezes mais; um terceiro te ofende três vezes mais, e assim, sucessivamente, até a saída da cidade. Digo-te, meu filho, que tens tanta fé quanto fores capaz de suportar as ofensas, e não mais. Porque a fé não pode ficar sem obras".

Outra vez, Frei Egídio perguntou a alguém se para o homem existe um tempo mais propício que o outro. Este respondeu que realmente há certos momentos em que se pode trabalhar com mais proveito do que em outros. Então ele disse: "O Senhor está sempre disposto a fazer o bem à criatura, se esta souber reconhecê-lo e recebê-lo".

Disse ainda: "É por negligência que o homem perde a oportunidade de chegar à perfeição".

Disse também: "Repreender a si mesmo e louvar o outro, falar bem do outro e mal de si é uma grande virtude".

E dizia: "Deus criou o homem por um ato de bondade, de graça e de amor. Por isso, por própria natureza, o homem deveria ser cheio de graça e de bondade". Dizia: "O homem é uma nobre criatura que Deus criou. Mas sem a sua graça não é nada, porque sem a graça ele cega, encarcera e até mata seu semelhante. Por exemplo, o que vale a terra, se não produzir fruto? Mas a graça de Deus consegue transformar tais pecadores em justos e santos".

Dizia: "Se pudéssemos ver um homem que atinge o máximo grau de amabilidade, de graça e de virtude, não poderíamos suportar sua perfeição devido à fragilidade do nosso corpo e à fraqueza do nosso espírito".

Dizia: "Tudo provém da oração, que é o início e o fim de todo o bem".

Disse também que o homem espiritual foge da convivência com os outros e procura ficar na solidão.

Interrogado se a maior virtude era cuidar da língua ou frear a luxúria, não demorou a dizer que a maior virtude é aquela através da qual o homem mais é tentado.

Disse ainda. "A maior sabedoria é fazer o bem, guardar-se do mal e meditar os juízos de Deus".

Disse também: "Não merece recompensa nem louvores quem é humilde e calmo enquanto tudo lhe corre bem".

Disse ainda: "Se não se acautelar do mal, o caminho que leva o homem para o alto poderá levá-lo para baixo. E aquele que o leva para baixo poderá fazê-lo subir sempre mais alto".

Dizia mais: "Não se pode dizer que seja feliz o homem que, tendo boa vontade, não a segue. Afinal, o Senhor dá a boa vontade para que seja seguida".

Dizia: "Se uma pessoa se põe a caminhar com outra, não deve abandoná-la, mesmo que ela a aborreça e irrite. Por vencer constantemente a própria inclinação, a pessoa é sempre mais acreditada, e aumenta cada dia o seu prêmio".

E dizia: "Nada é mais importante do que vencer-se a si mesmo. Pouco vale conquistar almas e não conseguir vencer-se".

Disse também: "O bem que não possuis deves admirá-lo e considerá-lo maravilhoso e grande em quem o possui. Depois que o adquirires, deves admirá-lo e considerá-lo maior no outro do que em ti".

Disse ainda: "Sê uma pessoa cheia de graça e faze com que ela frutifique em boas obras. Sê uma pessoa virtuosa e luta com vigor contra os vícios".

Também disse: "Não há pessoa que saiba exercer todos os ofícios. É sempre mais competente em um e menos no outro, segundo a vontade e a generosidade do Doador".

Disse também: "Enquanto estiver vivo, o homem é chamado a combater, mesmo que seja um religioso perfeito. Porque não está plenamente seguro enquanto viver entre inimigos. O maior adversário é a carne que, com os demônios, luta sempre contra a alma".

E disse: "Nosso trabalho consiste em cumprir a doutrina do Senhor, que foi anunciada desde Adão até a vinda de Jesus. Os santos e santas entregaram-se fiel e bravamente a ela e com santos desejos e boa vontade cumpriram o que não conseguiram realizar com as obras. Mas nós agimos com negligência e, por isso, devemos temer".

Disse ainda: "Devemos esperar pelas coisas mais altas, lúcidas e resplendentes, ultrapassando as medidas humanas. Neste ponto, considera o exemplo de Maria e de Marta".

Disse também: "De boa vontade o Senhor distribuiria seus tesouros aos homens, se encontrasse vasos preparados".

Também disse: "Todas as criaturas que devem se salvar, por fim devem necessariamente entregar-se à oração".

E disse: "Tudo o que for feito sem amor e devoção não agrada a Deus nem aos santos".

Disse ainda: "Como e quem poderá consolar a pessoa que perdeu o maior de todos os bens, se nem todos os anjos e santos do céu podem dar-lhe algo em troca? Ninguém, a não ser a divina misericórdia".

Ninguém pode merecer ou ganhar o Reino dos Céus. Mas pode procurar alcançá-lo.

Alguém lhe disse: "Se eu pudesse ver o fruto das boas obras, com prazer me entregaria a elas". Frei Egídio respondeu: "Observa os que procuram bens mundanos. Quanto tempo lutam antes de ver e gozar o fruto do seu trabalho? Portanto, se eles suam tanto pelas coisas que passam quanto mais devemos lutar pelas eternas. Enquanto vive, ninguém pode ver as maravilhas de Deus. Por isso, é necessário trabalhar assiduamente não pelas coisas que se veem com os olhos corporais, mas pondo a esperança no Senhor, pois o que se pode ver nada é diante do que não se vê".

Alguém lhe perguntou: "O que deverei fazer para saber o que é mais útil e salutar à minha alma?" Como resposta, disse: "Queres saber muito? Procura inclinar muito a cabeça e abaixar-te até rastejares pelo chão". E o outro: "Como posso fazer isso?" Respondeu: "Se não és rei, deves crer que alguém o seja. O que tu não tens, outro o possui. Por isso, deves reverenciar profundamente a graça que o outro possui. E se tu a conseguires, pensa sempre que a graça do outro é maior do que a tua".

Mais do que qualquer outra coisa do mundo, as pessoas temem, se assustam e odeiam o próprio bem. Têm medo de fazer penitência e entrar na vida religiosa, onde se recebem tantas graças e virtudes, onde a observância dos preceitos do Senhor se torna leve e suave. Mas creio firmemente e sei que quem sente o amor do Altíssimo não é esmagado nem pelo trabalho nem pelo cansaço, porque onde há amor não existe fadiga. Se um comerciante vendesse seus produtos por um preço cem vezes superior ao que valem, mesmo que para realizar o negócio tivesse suportado algum incômodo, como calor, frio, expectativa, ânsia, fadiga, consideraria tudo um nada, e a fadiga até nem lhe pareceria fadiga, mas consolo. Portanto, se o homem encontra tanta alegria em conquistar bens temporais e em lucrar a ponto de esquecer o cansaço, quanto mais isso deve acontecer para se conquistar os bens eternos!

Outro lhe perguntou: "Estando no mundo, alguém pode encontrar a graça de Deus?" Ele respondeu: "Pode. Mas eu prefiro receber uma graça, estando na Ordem, do que dez, estando no mundo. Penso em graças de oração, de jejum, de silêncio e outras semelhantes. Uma graça recebida na vida religiosa é facilmente conservada. O religioso está longe do tumulto e das preocupações dos seculares, coisas contrárias à graça, e mora em um lugar de paz, propício à graça. Também os irmãos, com palavras cheias de caridade e com o exemplo de uma vida santa, o induzem e o aproximam da virtude. Mas alguém que está no mundo perde a graça com facilidade e só com muito esforço a conserva. Pois a ansiedade pelos bens materiais, mãe da perturbação e da amargura, impede e perturba a doçura da graça, e elas nem podem ficar juntas pacificamente. Além disso, os outros seculares, com más sugestões e o exemplo de uma vida desregrada, afastam a virtude de quem está no mundo e quase o forçam a praticar o mal. Porque não ajudam quem quer viver honestamente, antes o ridicularizam, não questionam os inimigos de Deus, antes os exaltam. Por isso, é melhor possuir com segurança uma graça apenas do que dez em meio a tanta incerteza e perigo".

32

O que pensava de São Francisco e da simplicidade de vida

A alguém que lhe perguntou por que, no homem, o mal se arraiga mais do que o bem, Frei Egídio respondeu: "Após a maldição, a terra está mais inclinada a produzir ervas daninhas do que boas. Mas um agricultor atento, com seu trabalho incessante, pode agir de forma que as ervas daninhas não cresçam".

A um que lhe perguntava sobre a predestinação, respondeu que para lavar as mãos, os pés e todo o corpo basta a água da praia do mar. Seria tolo quem quisesse água do mar profundo. Da mesma forma, se a ciência para agir corretamente for suficiente, não devemos preocupar-nos com coisas muito profundas.

Perguntaram-lhe o que pensava de São Francisco. Todo inflamado por ouvir aquela palavra, respondeu: "Nunca se deveria mencionar a pessoa de Francisco sem lamber os lábios de prazer. Só lhe faltou uma coisa: a robustez física. Se ele tivesse tido um corpo robusto como o meu, certamente o mundo inteiro não teria conseguido conter o seu ardor".

33
Outros ensinamentos de Frei Egídio

Para que consigas alcançar a meta que te propões, conserva no coração, nos lábios e nas obras estes ensinamentos, que são de Frei Egídio, companheiro de São Francisco.

Em qualquer lugar e circunstância, conserva o domínio sobre todos os teus sentidos. Se alguém te pergunta, responde de forma que ele fique edificado; se te pede algo, presta-lhe tua ajuda, pensando no mérito e no bom exemplo; se alguém te obrigar a fazer alguma coisa, executa-a com alegria e amor à grande virtude da obediência.

Sê temperante na comida e na bebida, porque são inimigas da alma.

Toma cuidado com as palavras: que "primeiro sejam pensadas e depois faladas". Evita o riso maldoso e o escárnio, porque envergonham muito o homem.

Evita falar demais, porque *quem multiplica as palavras ofende a própria alma* (Eclo 20,8).

Guarda-te da mentira, porque ela desacredita o homem.

Não pronuncies palavras enganadoras, porque *a Palavra do Senhor está com os simples* (Pr 3,32).

Dize poucas palavras, mas úteis e pensadas.

Se acontecer que devas prestar ajuda a alguém, procura voltar logo para aquilo que te for útil. Do corpo volta logo para a alma.

Não desprezes ninguém, para que tenhas a consciência em paz.

Procura praticar e imitar toda a boa obra e bom exemplo por meio do qual o homem é engrandecido aos olhos de Deus e dos homens. E, ao contrário, afasta-te de todo o mau exemplo e obra má, que tornam o homem desprezível diante de Deus e dos homens.

Não louves a tua pessoa e o que te pertence, que isso é reprovável. Não divulgues os segredos do coração, que isso é coisa de tolo.

Não entres em brigas, que isso não acontece sem pecado.

Não mostres desprezo, para que não cometas alguma inconveniência.

Não contradigas teu superior, mas obedece com humildade, sem oposição nem murmuração. Não presumas fazer nada fora da obediência.

Não repreendas ninguém, a não ser que o vejas pecar.

Se vires e ouvires que alguém pecou, deves compadecer-te dele, louvar a Deus que te livrou de cair e considerar-te um pecador maior do que ele.

Evita conhecer os pecados dos outros, que isso ofende a caridade. Examina com frequência a tua situação, para ver se estás no bem ou não.

Com grande esforço evita ser visto frequentemente por homens, mulheres, parentes, amigos, familiares e mesmo por criaturas racionais e irracionais, porque despertam a curiosidade e assim perturbam o recolhimento do coração.

Do mesmo modo, fecha os ouvidos e a boca à maldade, à calúnia e à murmuração. E o que ouvires de estranho às coisas divinas não desperte em ti nenhum gosto ou interesse.

Guarda teu coração com toda cautela (Pr 4,23) para que não venhas a pensar, querer, desejar ou amar senão a vida eterna e possas dizer com o Profeta: *Uma só coisa pedi ao Senhor etc.* (Sl 27,4).

Coloca-te em segundo lugar e esquece tudo isso: primeiro, os pais, como fez Cristo, que confiou sua mãe a João; depois, as honras, como Cristo, que fugiu quando quiseram fazê-lo rei; em terceiro lugar, os prazeres, como Cristo, que foi envolvido em panos humildes e reclinado em um presépio; a seguir, os interesses mundanos, como Cristo, que subiu ao monte para livrar-se da multidão; e, por fim, as amizades e todas as familiaridades, como Cristo, que muitas vezes se recolhia em lugares ermos.

Ama as roupas pobres, porque quase sempre elas despertam a humildade do teu espírito.

Ama a pobreza, para que consigas imitar o Cristo pobre e entregar-te a Deus com mais liberdade.

Serve a todos com grande empenho, porque Cristo não veio para ser servido, mas para servir.

Não leves contigo nada que seja extravagante, porque o coração se perde com tais coisas.

Foge dos boatos inúteis, porque com eles a vontade do homem muda facilmente.

Procura ter uma consciência pura, para que percebas imediatamente o que é contra a alma e, percebendo-o, digas logo o *mea culpa* ao Senhor. Bem-aventurado quem tiver uma consciência que acusa, porque, se te acusares, o Senhor te perdoará. E, também, procura confessar humildemente aquilo de que a consciência te acusa.

Reza diariamente muitas vezes. Se, ao orares, sentires a presença do Senhor, melhor para ti; se nem sempre a sentires, espera-o, bate à sua porta, chora e confessa com humildade: "Senhor, sou um religioso falso, hipócrita, orgulhoso, presunçoso, ingrato a teus benefícios" etc.

Com saliva e lama o Senhor restituiu a vista ao cego de nascença.

Diariamente, às três da tarde ou em qualquer outra hora, recorda com amarga tristeza a paixão do Senhor e os pecados dos homens. Após as Completas, entrega-te fervorosamente à oração e antes da meia-noite levanta-te para louvar o Senhor. À meia-noite e após as Matinas, procura algum tempo particular para a oração, como Cristo, que passava as noites em oração no deserto.

Foge de todos aqueles que te afastam do teu combate.

Fica em silêncio quanto podes. Não fales muito com ninguém, a não ser com aqueles que possam ajudar-te na luta.

Busca a paz, pensando na vida eterna, elevando-te acima de ti mesmo. Medita também no Senhor Jesus Cristo crucificado, onipotente, onisciente e que reina em toda a parte.

Medita na pátria celeste, nos coros dos anjos, no anjo que te ajuda e naquele que te tenta.

Desce aos abismos, pensa nas penas do inferno, *percorre com amargura* os teus pecados (Is 38,15).

Santa pobreza, para quem te segue e te ama és o tesouro do rei dos céus! Senhora humildade, quem te encontra e guarda terá um grande dom!

Senhora castidade, és tão delicada e boa que os tolos não te acham nem te possuem!

Santa e boa vontade, para quem sabe conservar-te serás o caminho para todo o bem!

Santo propósito, para os que te conservam serás o caminho para o dom do céu! Senhora paciência, como és bela! És realmente a filha do rei do céu e da terra! Senhora devoção, são tantas as tuas utilidades que enriqueces a alma de muitos modos!

Senhora honestidade, és um jardim no qual crescem todas as coisas que agradam!

Senhora codorniz, quero aproximar-me de ti para ouvir os louvores de Deus.

Quero lembrar-me que não dizes *lá, lá*, mas *cá, cá*.

Irmã pombinha, como é belo o teu lamento! Pecador, que estás fazendo que não queres aprendê-lo?

Quatro coisas mudaram para os anjos que não quiseram ficar fiéis: em lugar do amor, o ódio; em lugar da beleza, a feiura; em lugar da segurança, a ruína; em lugar da felicidade, o castigo.

Vira e revira de baixo para cima, daqui e dali, e não encontrarás outro caminho do que combater contra a carne que quer trair-te, dia e noite, sem descanso. Se a venceres e dominares, encontrarás todo o bem, e nenhum mal te prejudicará.

Prefiro professar com devoção um só ponto da fé, mesmo sem entendê-lo, do que sem reverência e devoção falar profundamente de cem.

Se quiseres encontrar a graça, deves ser habilidoso, reverente, amável, simples e suave. A submissão a todos é uma virtude tão grande que nem somos dignos de nomeá-la, mas temos que dedicar-lhe grande respeito.

Quanto mais alguém inclinar a cabeça, maior será a graça que encontra.

O Senhor quer somente homens que se reconheçam inúteis. Por isso, *após fazer bem todas as coisas, dizei: Somos servos inúteis* (Lc 17,10).

Se um rei quisesse enviar sua filha a algum lugar, colocá-la-ia sobre um cavalo xucro, soberbo e coiceiro ou sobre um animal humilde e de passo tranquilo? A filha do rei é a graça, que ele não dá aos soberbos, mas aos humildes.

Quanto mais procurares, mais encontrarás. Quanto menos procurares, menos encontrarás.

Impossível chegar ao bem sem odiar o mal.

Os santos e as santas é que sabem suportar as ofensas, não os outros. O que és diante do sofrimento é o que és diante de Deus.

Um frade lhe disse que os outros o faziam trabalhar tanto que mal tinha tempo de rezar. Por isso, queria pedir obediência de ir para um eremitério. Frei Egídio respondeu: "Se fosses ao rei da França e, ajoelhado diante dele, lhe dissesses: 'Senhor, dê-me mil moedas de ouro', ele te responderia: 'Tu estás louco! O que fizeste para eu te dar mil moedas de ouro?' Mas, se antes lhe tivesses prestado um grande serviço, ele não te faria esperar muito pela recompensa".

É mais virtuoso fazer uma ação por obediência, do que duas por própria vontade.

Um frade lhe disse que uma vez havia procurado, por todos os meios, alcançar uma graça e não a conseguiu. Respondeu Frei Egídio: "Reconhece a tua culpa! Aquele que tem tudo sob seu poder dá amanhã o que não dá hoje! Daí que a ti só resta continuar a servi-lo fielmente".

Se uma pessoa vivesse desde Adão até o fim do mundo e fizesse todo o bem que lhe fosse possível, não mereceria a menor benevolência de Deus.

A pessoa que foge das tentações foge da vida eterna. É o que diz o Apóstolo:

Só será coroado quem lutar conforme as regras (2Tm 2,5).

Se o mundo estivesse cheio de homens, tanto que chegassem até as nuvens, e um só se salvasse, assim mesmo todos deveriam seguir a graça recebida, para ser aquele que se salva.

Alguém lhe perguntou como poderia tornar-se um homem espiritual. Respondeu-lhe: "Olha como aquele campo é mais fértil do que aquele outro ao seu lado. Por que isso? Porque o dono do primeiro trabalhou e suou mais do que o dono do segundo campo, que continua estéril. Também o ferreiro bate muito o ferro para que ele se torne perfeito".

Impossível entrar o demônio onde existe amor!

O demônio só foge da criatura por causa do amor. Por isso, o homem não pode descansar, enquanto não amar!

Dificilmente cairá no mal a pessoa que reverencia os outros.

Suporta fadigas e mais fadigas para chegar à benevolência. Não sei se no mundo existe sabedoria maior do que esta.

Uma pessoa não tinha olhos nem mãos nem pés. Outro lhe disse: "Se alguém te restituísse os pés, o que lhe darias?" Ele respondeu: "Cem moedas de ouro!" "E se te restituísse as mãos?" Respondeu: "Todos os meus bens!" "E se te restituísse a vista?" Respondeu: "Servi-lo-ia por toda a minha vida". Frei Egídio concluiu: "Ora, o Senhor te deu pés, mãos, olhos e todos os bens corporais e espirituais, e tu não queres servi-lo?"

Se fizeres o bem que compreendes, chegarás ao bem que não compreendes. As boas obras estão mais distantes das nossas forças do que o céu da terra. Se alguém te permitisse entrar no seu vinhedo e colher quanta uva quisesses, proibir-te-ia de pegar as folhas?

Mil e mil vezes melhor que o homem ensine a si mesmo do que ao mundo todo.

Se queres saber muito, trabalha bastante e inclina muito a cabeça. Grandes pregadores são a senhora humildade e a senhora paciência. O que é humildade? Restituir o que não te pertence.

A pessoa não deve falar nem muito rebuscada nem muito grosseiramente, mas em um meio-termo.

Há uma grande diferença entre a ovelha que bale e aquela que pasta.

Uma é a humildade que dá a Deus o seu lugar; outra a que te faz ocupar o lugar que é teu.

Este mundo é um campo tal que quem tem a parte maior tem a pior. Este mundo é horrível para os maus e maravilhoso para os bons.

Difícil é o caminho de vigiar o coração.

Se alguém estiver cercado de inimigos que lhe atiram dardos, flechas e lanças, não tiraria proveito, se depusesse as armas.

O banquete está preparado, mas não há quem aceite o convite.

Quero um senhor que fique comigo quer eu esteja no convento, ou me feche no eremitério, ou for para a cidade ou para o bosque.

O bom costume é o caminho para todo o bem. O mau hábito é o caminho para todo o mal.

Conecte-se conosco:

- **f** facebook.com/editoravozes
- [instagram] @editoravozes
- [X] @editora_vozes
- [youtube] youtube.com/editoravozes
- [whatsapp] +55 24 2233-9033

www.vozes.com.br

Conheça nossas lojas:

www.livrariavozes.com.br

Belo Horizonte – Brasília – Campinas – Cuiabá – Curitiba
Fortaleza – Juiz de Fora – Petrópolis – Recife – São Paulo

EDITORA VOZES LTDA.
Rua Frei Luís, 100 – Centro – Cep 25689-900 – Petrópolis, RJ
Tel.: (24) 2233-9000 – E-mail: vendas@vozes.com.br